JN259993

［改訂版］**子どもが地球を愛するために**

〈センス・オブ・ワンダー〉ワークブック

マリナ・ラチェッキ／ジョセフ・パッシノ／アン・リネア／ポール・トゥルーアー：著

山本幹彦：監訳　南里 憲：訳

人文書院

日本語版謝辞

　『子どもが地球を愛するために（〈センス・オブ・ワンダー〉ワークブック）』日本語版作成に関わっていただいた方々に感謝いたします。そのなかでも，私の友人でもある山本幹彦，南里憲の両氏の熱意と，このプロジェクトへの献身に対してお礼を申しあげたいと思います。この2人は，子どもたちに地球をいつくしむ気持を育んでおられる多くの日本のご両親や教師の方々に対して，この『子どもが地球を愛するために』のような本が必要だと感じていました。そういったとき，「子どもが地球を愛するために」と題したワークショップの指導と翻訳協力のために日本に招いていただきました。私は日本の自然や文化の素晴らしさ，そして心づかいを決して忘れることはないでしょう。

　私はまた，本書を使った新しい環境教育プログラムの開発に積極的に取り組んでいただいている（財）京都ユースホステル協会と国際ユースホステル連盟にお礼を申しあげたいと思います。さらに，このプロジェクトを支えていただいた国際交流基金日米センターにもお礼を申しあげます。最後に，私の家族や英語版の協同執筆者でもあるマリナ・ハーマン，アン・スキムフ，ポール・トゥルーアーをはじめとした多くの友人，アメリカでの出版元であるハミルトン社，また，日本の出版元である人文書院のスタッフの皆さんにお礼を申しあげます。

　皆さんの〈センス・オブ・ワンダー〉（神秘さや不思議さに目を見はる感性）が生き生きとわき起こり，子どもたちと一緒に本書を楽しんでいただけるように願っています。地球への畏敬や感謝の気持を，家族や友人，子どもたちと共に話しあえば，きっと地球への愛が育まれ，花開くことでしょう。

日本語版へようこそ！

『子どもが地球を愛するために（〈センス・オブ・ワンダー〉ワークブック）』日本語版へようこそ。本書は子どもたちの〈センス・オブ・ワンダー〉や地球への愛を育んでおられるご両親，教師，グループリーダー，環境教育者といった方々の援助となるようにと考えだした教育論と活動の数々を紹介したものです。本書に紹介されている考え方や活動，アイディアを十分活かしていただければ，日本でもきっと素晴らしい体験が得られることでしょう。もちろん，皆さんが本書を楽しまれることを願っています。

1991年にアメリカで本書を出版してから数多くの出会いに恵まれました。そのうえ，10万部もの売上げを記録し，最優秀環境図書賞，子育て部門最優秀図書賞をはじめ，多くの全米レベルの賞を受賞することができました。1992年にはブラジルでおこなわれた「国連地球サミット」において，ポルトガル語版が各国の代表に配布されることにもなりました。このように本書が世界中に広がっていき，このたび日本で刊行されることをうれしく思っております。

『子どもが地球を愛するために』と〈センス・オブ・ワンダー〉

レイチェル・カーソンのメッセージに感動すると同時に，私たちは感じることの大切さに気づき，〈センス・オブ・ワンダー〉を育むための特別な教授法を作りだし，これを〈センス・オブ・ワンダー〉サークルと呼んでいます。この特徴は，好奇心，探検，発見，シェアリングといった活動をおこなうことで，地球へのパッションを育んでいこうというものです。『子どもが地球を愛するために』で書かれている5つのテーマは，この学びの5段階（好奇心，探検，発見，シェアリング，情熱）に沿うように構成されています。決して難しいことではなく，わかりやすく簡単です。本書に紹介されている活動と体験は，皆さんの好奇心を目覚めさせ，子ども心を引きだし，ま

わりにある自然だけではなく，皆さん自身の内面への気づきをも引きだすことでしょう。次は，見つけだし，気づいた喜びや〈センス・オブ・ワンダー〉をわかちあいたくなるはずです。そうしているうちに，環境に対する感受性が敏感になり，知識や技術，倫理が身につき，地球への愛を引きだすことになるのです。

〈センス・オブ・ワンダー〉サークル

〈センス・オブ・ワンダー〉サークルは規則的に各段階をたどるのではなく，ダイナミックに変化してゆきます。ある活動は一つの段階をじっくりおこなうでしょうし，ある活動では少しずつすべての段階をたどってしまうものもあるでしょう。どの段階も相互に関係しあい，行ったり来たりするものです。ぜひ，皆さんも新しい状況に合わせ，今までと違った学びのスタイルを試み，体験学習法への関心の高まりを利用して，楽しい学びのプロセスを創造してみてください。

『子どもが地球を愛するために』の使用法

本書は〈センス・オブ・ワンダー〉を育むためのワークブックとして作られました。それぞれの章では，〈センス・オブ・ワンダー〉サークルのどれか一つの段階に焦点が当てられています。各章の初めには，著者やその家族の自然体験活動のなかからぜひ紹介したいものが物語として描かれていて，皆さんがその活動を実際におこなうときの感じをつかみやすくしてあります。さらに，その物語に関連した多くの活動やその背景となる説明が付け加えてあります。最後には資料と，この本に登場してくる4人のエコロジストに関する解説があります。本書では好奇心から情熱まで規則的に書かれていますが，どの章やどの活動から読み，おこなっていただいてもかまいません。

日本でも，本書を十分に活かすことができるでしょうし，活動やアイディアは大都市でも田舎でも使うことができるはずです。皆さんが活動されている地域の子どもたちやグループに合わせてうまく作りかえてください。本書の思いを活かしながら，皆さん自身の活動を創造していかれるように願っています。

「子どもたちが、生まれつきそなわっている〈センス・オブ・ワンダー〉をいつまでも生き生きと保ちつづけるためには、私たちが住んでいる世界のよろこび、感激、神秘などを子どもといっしょに再発見し、感動をわかちあってくれる大人が、少なくとも一人、そばにいる必要があります。」
レイチェル・カーソン

ようこそ！

　私たちは7年間にわたり、家族を対象とした自然体験ワークショップをミネソタ州やウィスコンシン州で実施してきました。ワークショップで大切にしていたのは、レイチェル・カーソン著の『センス・オブ・ワンダー』に書かれていたことでした。彼女は知識を身につけることよりも、自然に触れたときの感覚から始めることが大切だと書いていたのです。
　カーソンの言葉に触発され、私たちは自然に対する誰もが生まれながらに持っている〈センス・オブ・ワンダー〉を絶やすことのない教育方法や理論を考えだしてきました。
　この本は、私たちの経験のなかから生みだされた地球への愛情を育てるための活動をまとめたものです。どの活動も、私たちが「〈センス・オブ・ワ

ンダー〉サークル」と呼んでいる概念をわかりやすく説明するために，テーマ毎に整理されています。このサークルをたどることによって，好奇心が呼び覚まされ，探検や発見に誘いこまれ，誰かと発見したことや〈センス・オブ・ワンダー〉をわかちあい，このような体験を繰り返すことで，地球に対する情熱や愛といったものが導かれてきます。

　それぞれの章には，活動をより理解していただくために「おはなし」が紹介され，皆さんが子どもたちと冒険に出かけるときに役立つように，「活動マニュアル」「アクティビティー」「知っていましたか？」と続きます。どの活動も，ミネソタ州やウィスコンシン州でのものばかりですが，そのアイディアは地域を選ぶことなく応用できることでしょう。

　この本は遊び心いっぱいに使ってください。キャロリン・オルスン氏のイラストが皆さんを「おはなし」や活動へと引きこんでいくことでしょう。本書をよく読み，活動のポイントを理解したら，友だちやご家族，あるいは生徒たちと一緒に野外へ出かけてみましょう！

　最後に，皆さんの地域や環境に合わせて活動をデザインしなおしてください。そして，皆さん自身の〈センス・オブ・ワンダー〉を見つけだしてみてください。

　この本は，地球に対する心の奥深くにしまい込まれている感覚を揺り動かすことを意図して書かれています。このような感覚は，糸トンボのあの薄い羽のように非常に繊細なものであったり，親子の愛情のように強固なものであるかもしれませんし，広大なスペリオル湖に吹きつける11月の冷たい風のようであったり，原生自然でのキャンプファイヤーの火のように心を暖めてくれるものであるかもしれません。

　本書によって得た体験から，皆さん自身やお友だちが，地球に対する責任感を感じ，愛情に満ちた管理者になるような熱い気持が呼び覚まされることを願っています。

マリナ・ラチェッキ
ジョセフ・パッシノ
アン・リネア
ポール・トゥルーアー

謝　辞

　この本はチームによる協力の成果として仕上げることができました。コンセプトを明確にし，活動を作りだし，原稿にまとめあげるあいだ，私たちは友人や家族に助けられ，支えられてきました。紙数も限られておりますが，多くの貢献をしてくださった方々へ，私たちの感謝の気持が伝わることを願っています。
　一緒に遊び，ときには涙を流し，夢を見あった家族があって初めて本書は出来上りました。彼らも「おはなし」のなかに登場しています。ハーマン家のグラントとベンとキャロリン，パッシノ家のリン，フォレスト，ドーン，スキムフ家のデイヴ，ブライアン，サリー，そして，トゥルーアー家のメリー，ラモーナ，ギャレン，エヴァに深く感謝します。
　ミネソタ州フィンランドのウルフリッジ環境教育センター，ミネソタ州ダルースのホークリッジ自然保護センター，マニトゥイッシュYMCAキャンプ場などでおこなってきた「〈センス・オブ・ワンダー〉ウィークエンド」に参加していただいたご家族の方々との交流や活動に教えられました。また，より多くの人々にこのような方法をわかちあい，教えていくことを勧めていただいたすべてのワークショップの参加者に感謝しております。
　スティーヴ・ソレンセン，ブルース・マンスン，マーガレット・ブラウン・オルスンは本書の編集をするときに多くの時間をさいてくださり，精神的な支えになってくれました。彼らのユーモアや的確な洞察力や視点により本書は素晴らしいものになりました。
　まだ核となるアイディアしかなかった本書をマイク・リンク，デイヴ・アレン，デニー・オルスン，ジャック・ピコッタは形のあるものに仕上げるように後押ししてくださいました。私たちを信じていただいたこの4人に感謝しています。ノートン・スティルマンは必要なときに助言をくださいました。
　原稿を本に仕上げていくのは大変な作業です。ジュリー・グリースンは私たちがやろうとしていることの価値を信じてくださりタイピストと呼ぶ以上に物語を理解し，何度も打ち直しをしてくれました。最後の段階で原稿を仕上げていただいたコリーン・レニヤー，パット・グリーンウッドには脱帽し

ています。
　言葉で十分伝えることのできなかった私たちの地球に対するよろこびや畏敬の念を，素晴らしいイラストで表現していただいたキャロリン・オルスンには深く感謝しています。
　さらに，私たちのわがままをきいてくださり出版を引き受けていただいたラリー・フォートナー，スザン・グスタフスン，そしてドン・テューブシングに深謝いたします。
　サークルは私たちを感動させた人々を思い出させてくれました。
■幼い頃，私たちの小さな手をとって外に連れだし，多くの発見を喜んでくれた両親や祖父母。
■一緒に遊び，もう一度私たちの幼い気持を思い起こさせてくれた，私たちの子どもたち。
■レイチェル・カーソン，シガード・オルスン，マルド・レオポルド，そしてジョン・ミュアーは，かけがえのない地球を大切にするための活動と言葉によって，私たちの心を大きく動かし，皆さんと地球に対する気持をわかちあうことへ，私たちを導いたのでした。

Teaching
Kids
to Love
the
Earth

目 次

日本語版謝辞……………………………………………… 1
日本語版へようこそ！…………………………………… 2
ようこそ！………………………………………………… 4
謝　辞……………………………………………………… 6

好奇心

1．たのしい冒険………………………………………… 13
　　（子どもの好奇心を育む遊びや野外活動）
2．アバーウォッキー…………………………………… 23
　　（想像力や好奇心を使い，自然のなかへの〈センス・オブ・ワンダー〉ハイクに出かける）
3．月夜のナイトハイク………………………………… 33
　　（ナイトハイクやミステリーによって好奇心を呼び覚ます）

探　検

4．天敵と獲物…………………………………………… 45
　　（環境への気づきや正しい理解，知識を育むゲーム）
5．釣れた！……………………………………………… 55
　　（子どもたちに野外技術を伝えながら自然を探検する）

  6．コットンウッド（ポプラ）の枝に抱かれて…… 67
    （同じ所の自然をさまざまな時刻や季節に探検する）
  7．過去を知る旅………………………………………… 79
    （家族の伝統や自然との関わりを調べる）

発　見
  8．春の甘いめぐみ…………………………………… 93
    （四季の変化の不思議に気づく）
  9．炎の贈り物………………………………………… 103
    （焚き火を楽しみ協議することの楽しさを発見する）
  10．ソロ……………………………………………… 113
    （一人になることを楽しむ）
  11．雪のなかで考えたこと………………………… 123
    （日記をつけ自分自身のまわりの世界を探検することの意味を発見する）

シェアリング（わかちあい）
  12．ペンギンのチャック…………………………… 135
    （物語や音楽・ダンスを楽しみながら自然をわかちあう）
  13．ロープの上で…………………………………… 149
    （ネイチャーセンターでおこなわれている環境教育や冒険プログラム）
  14．森の小屋………………………………………… 159
    （親しい人とお気に入りの自然をわかちあう）

情　熱
  15．ジョン・ミュアーの足跡……………………… 173
    （エコヒーローから学びを授かり地球に対するビジョンを持つ）
  16．ブルドーザーと委員会室……………………… 185
    （気づいたことを行動へ）
  17．地球にやさしいライフスタイル……………… 197
    （エコロジカルなライフスタイルをわかちあう）

アメリカで活躍した4人のエコロジスト……………………… 206
資料　1 ……………………………………………………… 211
資料　2 ……………………………………………………… 217
監訳者あとがき：偶然の出会いから6年…………………… 221

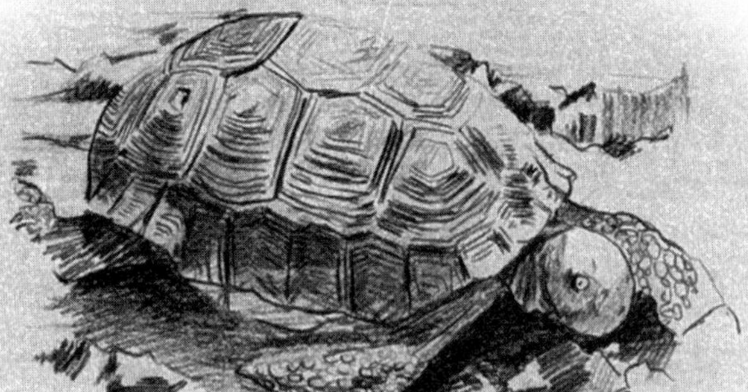

好奇心

　好奇心は学びのスタートラインです。好奇心を持つから夢中になって学ぼうとするのです。
　好奇心は子どもたちにとって，この世界をもっと知りたいと思わせ，探求せずにいられなくしてしまうものです。子どもたちは，誰が信頼でき，何が危ないか，何が楽しいのかを見極めなければなりません。そして，何よりもその境界をしっかりと把握する必要があるのです。幼い子どもたちの学び方というものは，感情的で活動的なものです。例えば，子どもを湖岸に連れて行くと，水に手を触れ，バチャバチャと水しぶきを上げ，口に持って行き，両手ですくい，指のあいだから水を流してしまったりすることでしょう。子どもたちはこのようなことをしながら，水について学び，ほんのわずかなあいだに膨大な情報を手に入れるのです。
　大人になってからの学び方も，子どもたちと同じように熱中型にもなりえます。壮年期は決して，畏れや驚きに別れを告げるときではありません。好奇心を強烈に揺さぶられるような学習は生涯を通して持ち続けることができるのです。北ミネソタ州の探検家でナチュラリストのシガード・オルスンはこのように書いています。

　　私たちは，好奇心や驚きを持って生まれてきたにもかかわらず，生まれながらの喜びをしばしば失ってしまいます。しかし，私はまた，心の奥底に眠っている輝きは，意識をして心を開くことによって，もう一度輝き始めることを知っているのです。

　好奇心の炎を燃えあがらせるためには，自然に沸き起こってくる気持にまかせてしまうことです。本能や興味に従ってみるのです。この節の活動は，好奇心を引きだし，楽しみながら学習ができるように作られています。
　好奇心は探検へと誘います。あなたの子どものような好奇心に素直に従えば，驚きに満ちた輝きは，炎のように燃えあがることでしょう。

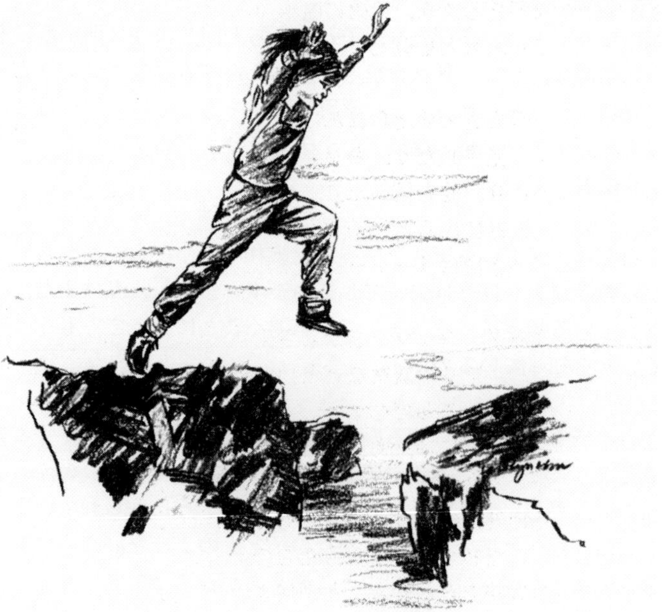

好奇心

子どもの
好奇心を育む
遊びや
野外活動

1. たのしい冒険

　子どもたちは，実に素晴らしい能力を持っています。もちろん，ジュースをこぼしたり，台所を汚したり，蚊に刺されて大騒ぎをしたり，兄弟に喧嘩をふっかけたりもします。でも，大人も似たようなことをやっていますよね。
　子どもたちは，機会さえ与えられれば，カヌーを漕いだり，クモの巣を発見したり，キャンプでお皿を洗ったり，詩を作ったり，絵を描いたりといったことができるものです。野外に出ると，子どもたちは頼もしいパートナーに（ときにはリーダーにさえ）なりうるのです。
　子どもたちにリーダーシップをまかしさえすれば，石飛びやメノウ探し，アリの観察などといった素晴らしいことをやってのけることでしょう。
　この活動をうまくやるには，あなた自身が子どもたちと心を一つにできるかどうかにかかっています。何かを見つけようと野外に出かけたとき，あらかじめ決めておいた予定にこだわらず，子どもたちのそのときの気持にこちらの気持を合わせることが何よりも大切なのです。

おはなし：たのしい冒険

　7月14日，スペリオル湖の肌寒い夏のある日。冷たい波が強い北東の風にあおられ岸に打ちつけていた。そこへ，湖岸で遊ぼうと身支度を整えてやってきた子どもたちに，湖のエネルギーが伝わったみたいだ。
　「とうさん，僕が最初にリーダーになる！」8歳のギャレンが口火を切った。
　「ああ，いいよ。」ポールはまかせることにした。
　ギャレンに続いて，ベン，ブライアン，ラモーナが「とりで」から出てきた（氷結と解氷が長い年月にわたって繰り返されてできた湖岸沿いの花崗岩の巨大な岩の割れ目を「とりで」にしていた）。
　ポールは3歳児たちを易しいルートへ引っ張りあげるのに精いっぱい。一方，巨大なとりでの「屋根」の上では，ギャレンが腹這いになりながら雨水が溜っているクレバスをのぞき込み，「とうさん，早くおいでよ」とせかしている。でも，ポールは3歳児に別のクレバスを越えさせるのに必死だ。
　サリーはてこでも動かないと，岩の上に座り込んだままだし，一番おちびちゃんのキャロリンはポールの手にしがみついている。
　年長の子どもたちは浜辺に落ちているメノウ探しに駆けだして行き，ギャレンが大声で呼びかけた。
　「とうさん，見て！　きれいなメノウを見つけたよ！」
　とうとう，エバもサリーと同じように岩の上に座りこんでしまい，てこでも動こうとしない。まったくお手上げといったところだ。
　「ギャレン，そのままリーダーになって先に行っていなさい！　とうさんはこの子たちとここにいるから。」ポールは波の音に消されないような大声を張りあげた。「この子たちは君たちと一緒には無理なんだ。」
　ポールが振り返ると，サリーとエバが岩の隙間をのぞき込んでいた。
　「サリーが何か見つけたよ！」とエバが大きな声を張りあげた。ポール

も一緒になってしゃがみ込み，虫がたくさん引っかかっているクモの巣に目をやった。4人は巣を見ながら，「クモはどこにいるんだろう？」「どうして，虫は引っかかったのかな？」「どうして，クモの巣は岩の隙間に隠してあるのだろう？」などと口々に言いあっている。

　サリーは急に元気がわいてきて，お兄ちゃんたちがメノウを探しているのとは違う浜辺に向かって駆けだし，自分の背丈の倍ほどもある高い岩の上に器用に登ったかと思うと，荒れ狂う灰色の湖面に向かって「すぺりおるこー！」と大声を張りあげた。

　キャロリンとエバも，サリーの立っている所へ続く道をたどり，3人が揃ったところで，一斉に大声で叫んだ。「すうーぺえーりぃーおぉーうーこおー！」

　そこへ，カモメが舞い降りてきた。女の子たちは一人ずつ岩から滑り降り，そーっとカモメに近づいていったが，カモメも用心深く，子どもたちが10メートルほど近づいたところで，ツイと飛びあがってしまった。風にのってカモメが湖の彼方へ飛び去ってしまうと，女の子たちはお兄ちゃんたちが見つけた「とりで」に向かった。

　ポールは監視しているというそぶりを見せずに，サリーたちの「雄たけび岩」に登り，年長の子どもたちの様子を確かめてから下に降りた。すると，女の子たちの姿が見えなくなっていた。

　ポールは低い声で，「俺様は腹のへったクジラだぞー。食い物はどこだー」と言った。クスクスと笑い声が足元のクレバスから聞こえてきた。ポールは足下に気をつけながら低い岩に飛び移り，もう一度クジラ声で呼びかけた。クスクスと笑いながら，女の子たちが顔を出した。

　「どうやってここに入ったんだー」とクジラが岩の隙間に体を擦りつけるようにしてクレバスの中に入ろうとすると，女の子たちの笑い声はますます大きくなった。

　「とうさん，かくれんぼしようよ！」と上の方から声がした。

　ラモナ，ベン，ブライアン，ギャレンは隠れ場所をのぞき込もうと，腹這いになって降りてきた。女の子たちはさも得意げに，年長の子どもたちを一人ひとり誘った。

　「かくれんぼ，したい人！」とポールが呼びかけると，「はーい！」と

元気な声が響き渡った。
　「とうさんと女の子たちがオニになるから，25数えるうちに隠れるんだぞ！　いーち，にーい，さーん，しーい……。」4人の子どもたちは踊るような足取りで岩を駆けあがり，向こうに消えていった。エバ，キャロリン，サリーはポールの膝の上に頭をくっつけたまま，一緒に数を数えた。荒れ狂う風や波から守ってくれる岩の下で，4人は次の冒険のためのエネルギーを蓄えていた。

活動マニュアル

目　的：遊びながら子どもたちの好奇心を育む。

年齢／人数／場所：活動の多くは，自発的に始まるのがベストです。年齢を気にせず，誰もが楽しい冒険に出かけることができます。

道　具：特にいりません。

進め方：身近な子どもをリーダーにしてみましょう。そして，その子が自然の何かに好奇心を向けたとき，すべてのことを放っておいて一緒になって観察してみるのです。例えば，子どもがアリを追いかけだしたとしたら，一緒に追いかけながら「このアリさん，どこへ行くんだろう？」とか，「人間と同じようなお家に住んでいるのかな？」といった好奇心をそそるような質問を投げかけてみてください。
　　　　大人でも同じです。何かに好奇心を向けた，そのときの気持に焦点を当てるのがポイントです。一般的に，子どもは自分の好奇心に素直に従うことができますが，大人は好奇心を持ったそのときの感情をうまく意識化しなければなりません。あなたの友人が，初めてのキノコの形や色に見入っているところを想像してください。そのとき，ありきたりな説明をするのではなく，「何て綺麗なの！」と共感し，四つん這いになって一緒に傘の下をのぞき込みながら，このように言ってみるのです。「見て，裏は色が違うじゃない。他に

もあるのかしら？」
　好奇心をくすぐるために立ち止まるタイミングや移動するきっかけとはどのようなときなのでしょうか？　それは，あなたのセンス次第です。

アクティビティー：「好奇心」を引きだす

1．あなたの街を流れる小川は，好奇心を引きだす絶好のフィールドです。おもちゃの帆掛け船を浮かべ，2時間ほど追いかけてみましょう。

2．リーダーについて，サイクリングに出かけてみましょう。近くにサイクリング道路や緩やかな坂道や眺めの良いコースはありますか？

3．家族や数人の友だち同士で「驚き探し」ドライブに出かけてみましょう。各自に旅行の行き先や立ち寄りたい場所を選ぶチャンスを与えることがこの旅行のポイントです。

4．雪の上や雨の後，鹿などの動物の足跡をたどりながら，「どのような所で立ち止まったのだろう？」「歩幅は違うかな？」「足跡は棲みかに続いているだろうか？」「追いかけられていたのだろうか？」と想像してみましょう。

5．小人数のグループになり，各メンバーに10本ずつテープ（長さは対象に合わせて変える）を渡し，木々のあいだを通るコースを作ってみましょう。全員が作れたら，ペアになり，それぞれの相手のコースをたどりながら時間を競ってみましょう。

6．あなたが耳にした夜の音の発信源——フクロウ，カエル，コオロギなど——を探してみましょう。

7．ハイキングクラブを作り，誰もが行きたくなるような場所をメンバーが

順番に選ぶようにします。大人同士のグループや家族でやってみましょう。

8. 誰か一人を目隠しし，その人が良く知っているところへ連れて行き，そこがどこだかわかるまで連れて歩いてみましょう。

9. シャボン玉の石鹸液を作ります。息を吹きかける輪っかを作るとシャボン玉製造器の出来上がり。フワフワ浮かぶシャボン玉を追いかけるのを楽しんでみてください。

10. リーダーの引率でカヌー遊びを楽しんでみましょう。リーダーはカヌーの一番後ろに座りますが，できれば，誰もが一度は船尾に座ってみましょう。

知っていましたか？：
両親は有名なナチュラリストたちに重要な影響を与えました

よく知られているナチュラリストの多くは，子ども時代の身近な大人によるきっかけや勉強っぽくない態度が好奇心を長続きさせたと回想しています。ミネソタ州のナチュラリスト，シガード・オルスンは著書『原生自然のうたごえ』のなかで，初めての〈センス・オブ・ワンダー〉体験について語っています。

初めての思い出は，母に連れられて秋のカエデの木立を歩いていた晴れた午後のことだった。ちょうど木々は錦に染まり，地面には落ち葉が深く積もっていた。二人が色で埋め尽くされた木々のあいだを歩いていたとき，一陣の風が吹き，色のなかにすっぽりと入ってしまった。赤や黄色の渦のかたまりは私をワクワクさせた。私たちは木々のあいだをかけ出し，息が切れるまで走った。そして，笑い転げながら葉っぱのなかに突っ伏し，色彩とその美しさが私の人生の一部となったのだ。

オルスンの生涯はウィスコンシン州北部，ミネソタ州，カナダの原生自然のなかでの〈センス・オブ・ワンダー〉体験に満たされたものでした。しかし，自然界の美しさや不思議さへと彼を引きこんだきっかけは，母と一緒だったこの秋の散歩でした。
　レイチェル・カーソンは『潮風の下で』『海辺』『われらをめぐる海』といった著書を出版していますが，彼女が自然への関心を持つようになったのは，65エーカーもの広さの農場のまわりに広がる神秘的な森や草原でした。『レイチェル・カーソン（生命の棲家）』のなかでポール・ブルックスはレイチェル・カーソンのことをこのように書いています。

　　私は自然のなかで過ごしているときやありのままの自然に触れているときに，ワクワクした気持を味わなかったことなど一度もなかった。私が覚えているこのときのワクワクした気持は母から受け継いだもので，いつも一緒にそのときの気持を話しあったりしたものでした。子ども時代は，一人で森や小川のそばで過ごすことも多く，鳥や昆虫，花の名前を覚えたものでした。

　もう一人の有名なナチュラリスト，ジョン・ミュアーに私は少年時代から取りつかれています。彼は荒々しい北海に面したスコットランドの港町ダンバーで育ちました。祖父のギルロイじいさんは，2歳になったばかりのジョンを連れて町はずれのローダデイル卿の庭園へ歩いて行き，2人はよく干し草の上で寝転がったりしていたようです。ジョンが大きくなってからも，お気に入りの遊び場——苔におおわれ荒れ果てた旧ダンバー城跡——への坂道をかけ登るのを祖父がついてきたものでした。『緑の予言者』のなかでジョン・ミュアーはそのときの思い出を書いています。

　　私は鳥の歌声を聞くために野原に出かけましたし，また潮が干いた潮だまりにいる貝や海草，ウナギやカニをじっと見つめ，その不思議さに驚かされたりするのを期待して海辺を歩くのが好きでたまらなかった。そのなかでも最高だったのは，猛烈な嵐の日に，真っ暗な闇のなかを岬の先端にある廃墟と化したダンバー城跡で，海と空と波と雲が一つに混ざり轟音をたてながら迫ってくる波を見ることでした。

　大人になってしまった，あなたのなかにある子どものような好奇心を甦

らせてみましょう。公園で子どもたちと一緒に羽が生えたように飛びまわったり、小川をジャブジャブ歩いてみたり、どろんこになって遊んでみてください。

　好奇心は感情であり、雰囲気に左右されるということを忘れないでください。自発性が活動を成功へと導く鍵なのです。

「赤や黄色の渦のかたまりは私をワクワクさせた。色彩とその美しさが私の人生の一部となったのだ。」
シガード・オルスン

好奇心は感情であり、雰囲気に左右されるということを忘れないでください。自発性が活動を成功へと導く鍵なのです。

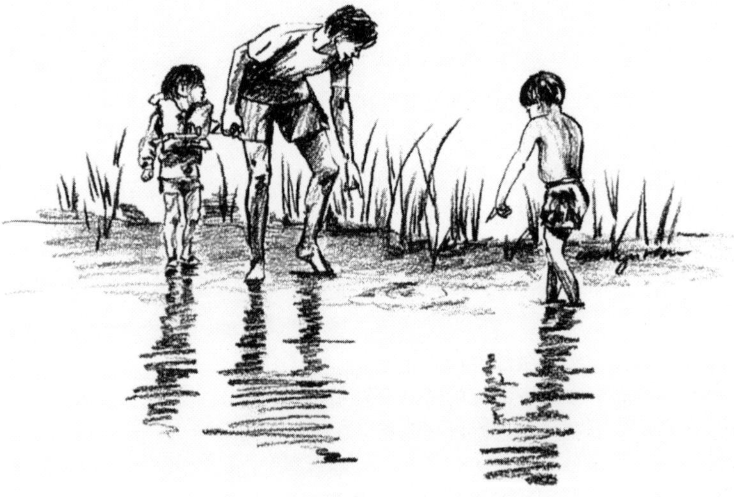

好奇心

想像力や好奇心
を使い，
自然のなかへの
〈センス・オブ・ワンダー〉
ハイクに
出かける

2. アバーウォッキー

　子どもたちが，空想の世界で夢中になって遊んでいるところに居合わせたことがありますか？　この手の遊びは「□□ごっこしよう！」で始まり，衣装を身につけたり，おもちゃを使ったり，思い思いの役割を決めて遊んでいるものです。遊びに夢中になると，夕ごはんやピアノのお稽古といったことはすっかり忘れてしまって……。

　あなたにだって，空想の世界に入るドアを開けることができるのです。さあ，腕時計を外して，身近な子どもたちと一緒に外へ出かけてみましょう。好奇心や想像力にあなたをまかせて。

　このお話では，アンが作りだした空想上の生き物を通して，子どもたちの自然への好奇心や想像力をうまく引っぱりだしていきます。アンは4人の子どもたちを連れて，近くの小川に沿って空想の生き物を追いかけてゆきます。

おはなし：アバーウォッキー

　「きょうは，つい最近チェスター川で見かけた人がいるという，とても珍しい生き物のお話をします。あとで，その生き物をみんなで探しに行きましょう！　だから，よーく聞いててね。」
　アンは3歳半から8歳までの4人の生徒たちに話し始めた。
　「昔々，みんなのお母さんやお父さんが生まれる前のこと。スペリオル湖に，すごく変わった生き物の赤ちゃんが生まれました。その赤ちゃんは男の子で，名前はアバーウォッキーといいました。大きくなるのが早くて，ブライアンと同じ年になった頃には，……えっと，ブライアンはいくつだったかな？」
　「みっつー！」
　「そう，みっつのときにはもう，アバーウォッキーはみんなのお家ほどの大きさになっていました。目はビーチボール10個分ほどの大きさで，体は緑色でぬるぬるしていました。アバーウォッキーは見たところ恐竜に似ていましたが，スペリオル湖にいる他の生き物とは違ったところがありました。何だかわかるかな？」
　「泳げない。」
　「歯が無い。」
　子どもたちからいろんな答えが返ってきました。
　「ほかの生き物と違ってたところとは……人間が好きだったということです。でも，アバーウォッキーのおばさんやおじさん，いとこ，それに，おじいちゃんやおばあちゃんは人間を嫌っていました。人間が近くに来たらいつも大きな声で追っぱらっていたものでした。湖に棲んでるカイジュウはどんな声を出すんだろうね？……時々，カイジュウたちは大きな波を起こして，人の乗っているボートをひっくり返したりもしました。」
　「でも，アバーウォッキーはそんなことをしませんでした。人間の子どもたちが大好きだったのです。いとこたちが人を追いかけまわしていると

きでも，アバーウォッキーはスペリオル湖に流れこむ川を楽しく探検していました。……実は，昨日，すぐそこのチェスター川を大きなカイジュウがノッソノッソと歩いていくのを誰かが見かけたそうよ。だから，今日はアバーウォッキーの足跡を探しに川へ探検に出かけることにします。」

　子どもたちは立ちあがり，今にも川に向かってかけ出しそうになったが，もう一度，アンはお約束を説明した。

　「みんな，足を必ず水につけること。それから，カイジュウの通った跡を見つけたら，すぐにみんなに知らせてね。それに，岩は滑りやすいから，よーく気をつけて歩くのよ。」

　真っ先に小川に足をつけたのは，4歳のキーガンだった。その様子を見ていた子どもたちも，流れがキーガンのひざより浅いとわかると，急いで後に続いた。子どもたちは水をジャブジャブしているのがうれしくて，どんどん上流へと向かった。

　「ねえ，ちょっと見て。この緑色のやつ，何だと思う？」とアンが尋ねた。

　「カイジュウの毛！」8歳のラモーナが答えた。緑色のものが，どの岩の上にもびっしり生えていて，子どもたちが思い思いに触っている。

　「どうして，こんなふうに岩一面についているのかな？」とアンは続けた。

　「アバーウォッキーの毛がひっかかったんだよ」とキーガン。

　岩の下にゼリーみたいなものに包まれた卵がたくさん見つかった。子どもたちは，アバーウォッキーがここで卵を産んだんだと言った。

　少し離れた川岸では，30センチ程の茶色っぽくてベチャベチャしたものが積み重なっているのが見つかった。

　「母さん，これ何？」ブライアンが尋ねた。最年少の捜査官だ。

　「みんな，何だと思う？」

　他の子どもたちも川からバシャバシャと上がってきて，集まった。

　「ウンチだよ。アバーウォッキーのウンチ」とギャレンが真顔で言うと，子どもたちはどっと笑った。ギャレンは気恥ずかしくなってしまい，アンもそれに気づいた。

　「私はギャレンの言う通りだと思うわ。他の動物たちと同じようにカ

イジュウもウンチをしなくちゃいけないはずでしょ。さあ，岸に上がってきたことだし，お家のように大きなカイジュウが歩いていったっていうしるしを他にも探してみましょうよ。」

　子どもたちは白樺とカエデの森を探しまわったが，何も見つけられなくて困ってしまった。そこでアンは「アバーウォッキーにはシッポがあるのかな？」と質問した。すると，子どもたちは「あ，そうだ！」と目を輝かした。アンが皮の剥がれた木々を指さすと，子どもたちは，アバーウォッキーの巨大なシッポが木にぶつかったせいだと言いあった。

　「ウワァー！　アバーウォッキーがこの木を倒したんだ」とラモーナが言うと，「そうかしら？　そこの倒れかかった木を完全に倒せるかどうか，みんなでやってみようよ」とアンは子どもたちに呼び掛けた。木はびくともしなかったが，アバーウォッキーならこれぐらいのことはできるはずだと子どもたちは言い張った。

　子どもたちはアバーウォッキーの残したわずかな痕跡をも見逃すまいと注意しながら1時間半も川べりを歩いた。川のそばに草が踏みつけられているところを見つけては，アバーウォッキーの足跡だと決めつけたりしながら。そうこうするうちに，グループはケンウッド通りへ行く橋につきあたった。

　「ここからアバーウォッキーはどこへ行ったのかな？」とアンは子どもたちに尋ねてみた。排水路は狭くて絶対通れないし，かといって，土手を登って道路を横切る度胸はなさそうだし，なかなか答えが出ない。そこで，アンはこのように提案をしてみた。

　「丘に登って，見晴らしのいいところへ行ってみましょうか。何かわかるかもしれないわよ。」

　川を見下ろす丘に座り，アンは子どもたちに尋ねてみた。

　「アバーウォッキーは空を飛べると思う？」子どもたちはみんなうなずいた。

　「じゃあ，どこに飛んでいったのかしら？」

　「雲の上」とキーガン。

　「ねえ，あそこにアバーウォッキーが乗れるくらいの大きな雲があるよ」とラモーナ。

5人はしばらく雲を眺め，大きな入道雲のかげにカイジュウが何匹も隠れているような気がしていた。
　「明日もアバーウォッキー探しに来てもいい？」とブライアンが尋ねた。
　すると，キーガンが言った。「そうだ，明日は母さんも連れてこよう！」

活動マニュアル

目　的：浅瀬のバチャバチャ歩きに誘い，想像力を引きだす。

年齢／人数／場所：まだカイジュウを信じることのできる年齢（8歳以下ぐらい）がふさわしいでしょう。一つのグループは6人以下にし，大人がついていると安心です。

道　具：小川に下りることができる道。濡れても大丈夫な靴と誰もが知っている近くの小川に棲んでいるカイジュウのお話。

進め方：子どもたちを引きつけるようにカイジュウのお話をしてください。そのときに，切り立った岩の絶壁が好きだとか，スイレンが気に入っているとかといったような，その川にしかないものをお話のなかに入れるとグッとその気になってきます。歩きだす前の話は短くし，歩きだしてから話を作り足してゆきましょう。
　決して遊び心を忘れないように。本当の名前は気にしないで，石をめくって見つけた虫の卵はカイジュウの卵となり，キツツキに剝がされた木の皮はカイジュウが磨いた柱で，鹿の寝床はカイジュウの足跡となってしまうのです。子どもたちに，考えさせるような質問をいっぱいしてみてください。いうまでもなく，あなた自身も探偵団の一員です。大人だけが岩に座り，足が乾いたままということのないように。

アクティビティー：想像力を利用して

1. 浜辺に沿って歩いてみると，海のカイジュウの暮らしがうかがえるようなものが，自然のなかからたくさん見つかります。バケツとスコップを用意し，証拠を採集してみましょう。

2. 物語に出てくる，想像上の登場人物のお城を砂で作ってみましょう。そして，そのお城のまわりに暮らしている，物語に出てくるような生き物を作ってください。

3. 秋には，北方の湖のほとりを歩きながら，渡りのてんとう虫の群を探してみましょう。どのようにしてそこまでやって来たのか，これからどこへ行くのか，どのようにして冬を過ごすのかといったことに思いをめぐらしてみましょう。

4. ハイキングやカヌー，サイクリングの後などに，動物ジェスチャーをして遊ぶのにふさわしい場所を見つけ，各自が自分の動物や植物を決め，全員でゲームをしてみましょう。

5. なぜ，鳥が南へ飛んでいくのか，といったテーマをもとに，おもしろい自然現象を説明するお話を作ってみましょう。

6. ポール・バニアン・コンテストをやってみましょう。一定区域にある一番大きな木を見つけ，両手を広げて何人で囲めるでしょうか。

7. グループで輪になり，1本のキャンドルを順番に回していきます。キャンドルが自分のところに回ってきたら，次の日に起こるだろう物語を想像して話し，順にその話をつなげてみましょう。

8. 坂になった芝生にビニールシートを広げ，一番上からホースで水を流し

ます。プラスチックのソリに乗ったり水着だけでラッコのように滑ってみましょう。

9. 木の下で横になり，上を見上げ，鳥やリスの巣のように木の上に住んでみたらどのような感じなのかを想像してみてください。また，風に揺れ，地面に落ちる一枚の葉のことや，根っこから木の中を旅する一滴の水に自分がなったところを想像してみましょう。

知っていましたか？：想像力は不思議な力を引き出します

　親である私たちは，子どもたちの「ごっこ」遊びや自由な発想に引きつけられてしまいますよね。子どもたちと一緒なら木とお話をしてみたり，アバーウォッキー探検に小川を歩いてみたり，妖精を見つけにそっと花に触れてみたり，潮風を渡ってくる海のカイジュウの不気味な声を聞くことだってできるのです。

　子どもたちのエネルギーや明るさが私たちを現実から解き放ち，素晴らしい空想の世界へと連れていってくれます。

　想像することは心を動かすということです。想像することは，神秘的で驚きに満ちた自然界を探検する手助けを与えてくれます。想像力の翼を使って大空へ舞いあがってみれば，見慣れたところでも初めて訪ねる場所にすることだってできますし，シダの生い茂る森は四つん這いになって妖精たちを探しまわる場所となるのです。

　また，想像さえすれば，誰もが未知の世界へ足を踏み入れる冒険家にだってなれるのです。平原の上を大きな翼を広げ，輪を描きながら飛んでいるタカを思い描いてください。さあ，ゆっくりと目を閉じ，あなたも空を飛んでみましょう。獲物を探すタカと一緒に輪を描き，両手をいっぱいに広げ，気流に身体をゆらし，上昇気流に乗ってみましょう。簡単なジェスチャーゲームや友人同士のグループで樫の木の下でたたずんでいるときでも，このように想像することで，単なる観察では得ることのできない，自然のなかでの感動体験を味わうことができるのです。

　神話を使うと想像力はさらに膨らみます。私たちの〈センス・オブ・ワン

ダー〉ワークショップのプログラムでは，自然のなかでの探検の手助けとして神話や伝説を使います。あるときには，家族全員でノースウッド地方にある伐採現場で新米の木こりにもなってみましたし，秋の早朝の霧のなかで歌を唄いながらカヌーを漕ぎ，毛皮商人の視点でビーバーダムや巣に近づいたこともあります。

　現存する伝説を作りかえたり，自分自身でお話を作るときには，身近な人たちや友人と一緒に出来上がったものを交換すると良いでしょう。

　　　シダの生い茂る森は四つん這いになって妖精たちを探し回る場所となるのです。

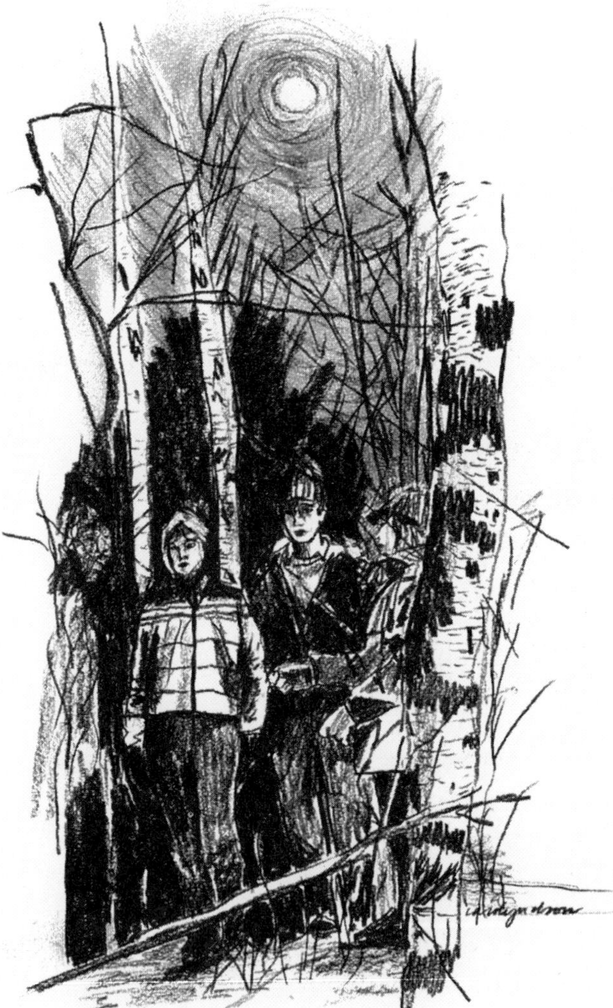

好 奇 心

ナイトハイクや
ミステリー
によって
好奇心を
呼び覚ます

3. 月夜のナイトハイク

　暗闇は，探検するのにふさわしくないとされています。というのも，暗闇は不思議に満ちていて，神秘的で畏れや恐怖にかられてしまうからです。

　このお話では，暗闇の恐怖に負けずに立ち向かおうとする人たちが登場します。オオカミの遠吠えハイクの魅力に引きこまれていくうちに，10代のクリストファーの恐怖心はうすれ，暗闇のなかで徐々に感覚を研ぎすましていくようになったのです。

　ここで紹介している活動は，フクロウの鳴き声や流れ星探しといったことに応用することもできます。

おはなし：月夜のナイトハイク

「無理に遠吠えして，皆の前で恥ずかしい思いをしなくていいのよ。他の参加者はきっと大人ばかりなんだから。」14歳になるクリストファーは宿舎の部屋で母からそう聞かされた。

3時間後の夜の10時。薄雲が広がる2月のミネソタ州イザベラにある環境学習センター。15人のグループがフラットホーン湖へオオカミの遠吠えハイクに出かけようとしていた。

「湖の向こう岸に着くまでは話をしてもかまいませんが，そこから先は静かにしてください」とアンが説明した。

「なんだか変なの。」クリストファーはさっき知りあったばかりのベッキーにささやいた。

メンバーは大人だけではなかった。まあ，クリストファーにはどうでもいいことだったが。

「冗談じゃないわ。どうして懐中電灯をつけちゃいけないのかしら」とベッキーも愚痴をこぼした。二人はしぶしぶ雪深い小道に足をとられながら歩いた。暗闇の森を歩くのは不気味だったが，そのことには触れようとはせず，互いの学校のことをあてもなく話していた。

起伏に富んだ道を進むうち，グループがバラバラになってしまい，リーダーのアンは丸木橋のところで遅れたメンバーを待つことにした。10代の2人組クリストファーとベッキーが追いついたとき，クリストファーの両親は列の一番前でアンに話しかけていた。他の大人たちも2，3人ずつがかたまって立っていた。

「ちょっと，これを見てください。」アンのまわりに皆が集まり，彼女の指さした雪面をのぞき込んだ。「今しがたついた足跡ですね。どうしてこんなに大きいのかわかりますか？」

毛糸の帽子の下から声がした。「鹿を追いかけるとき，雪の上を早く走れるようにじゃないかな。」

「その通り！　私たちは今，二つの群のなわばりの交わったところにいます。ここから北西のあたりに棲んでいる群は，去年は1頭も赤ちゃんを育てることができず，5頭に減ってしまいました。もう一つの群には12頭います」とアンは説明した。

「もしオオカミが出てきたら私たちはどうしたらいいの？」ベッキーはクリストファーにささやいた。

「アンにきいてみなよ。」

「恥ずかしいわ。」

「ここにオオカミがやって来たらどうなってしまうの？」結局，クリストファーが尋ねた。

「いい質問ね。どうしてか，大人からはこういった質問が出ないのよ。本当は皆，聞きたいと思ってるはずなんだけど……。もしオオカミが現れたら，私たちはラッキーよ。アメリカ本土の動物のなかで，最高の野生のシンボルとされている動物に会えるんですから。」

しばらく，沈黙が続いた。時折，足をひきずる音や咳払いが聞こえるだけだった。ほとんどの人が，心臓のドキンドキンが早くなっていることに気づいていた。アンは皆の緊張を和らげるように言葉を続けた。

「これだけ沢山の人がいれば，たぶん，オオカミは近くに来ないでしょう。絶対とはいえませんが……。去年の夏，森の端っこまで出てきたオオカミの群に出くわしてしまったグループがありました。群は長いこと彼らをにらみつけていたそうですが，そのまま森のなかに戻っていったということです。」

11時頃，満月に近い月が薄い雲の後ろから顔をのぞかせ，葉の落ちた白樺の不気味なシルエットが空に浮かびあがった。恐いほどの静けさのなか，トウヒがあちこちに高くそびえ立っている。

「オオカミの群が近づいてきたとき，その人たちはどうしたんですか？」とクリストファーの母親が尋ねると，アンは小声で答えた。

「体が動かなかったそうです，凍りついたみたいに。この話をしてくれた人は，オオカミが去っていったとき，自分は人間だったから助かったんだ，と気づいたそうです。よそのオオカミがなわばりに入りこんできたとしたら，そいつを容赦なく殺してしまうでしょうからね。」

CURIOSITY：月夜のナイトハイク

この話を耳にして，つい今しがたまで冷めた目で見ていた10代のクリストファーの表情が変わった。暗闇のおかげで他のメンバーに悟られなくて良かったと思いながらグループの輪に近づいた。
　「しばらくは話をしないで，静かに１キロほど歩きましょう。その後，私が５分間隔で３回遠吠えをします。もし何も反応がなかったら，別のところへ移動しましょう。」
　かたまって雪の小道をザクザクと歩いた。誰も口をきかなかった。知らない人が15人も集まって一緒に沈黙を守っていることや一体感を感じていることが，クリストファーには不思議でたまらなかった。ぼんやりと考え続けていると，アンが遠吠えを始めた。
　彼は我に返り，身の毛がよだつのを感じた。森が妙に近く感じられる。しばしの沈黙の後，また遠吠えを始めた。彼の左手にあるトウヒの木立のなかから，４本足の獣の足音が今にも聞こえてくるような気がする。
　アンがまた一つ，遠吠えをした。
　クリストファーは今までにオオカミの遠吠えなど聞いたことがないくせに，アンの遠吠えは本物そっくりだと思った。これまでにも，両親に連れられて夜のハイキングに出かけたことはあったが，そのときはもっぱら静けさを味わったり，視覚以外の感覚を研ぎ澄ますことを目的としたものだった。今まで一度だって，こんな恐怖を味わおうとしたことはなかった。今，クリストファーは心の底から恐怖を感じていた。
　「こんな夜は，きっと返事があるはずよ。オオカミの返事を遮ってしまうような風も吹いていないし，もう少しこの道をこのまま進んで，もう一度呼びかけてみましょう。今度は皆さんも一緒にしてみてください。」
　クリストファーは遠吠えする気になれなかったが，ベッキーの小さい声が耳に入ってきた。母さんの甲高い声も聞こえた。でも，闇からの返事がなかったのが唯一の救いだった。
　３回目に遠吠えをしたときには，クリストファーの気持もいくらかほぐれてきた。最後に遠吠えをしたときには，お世辞にも熱心とはいえないまでも，小さな声をあげるまでになっていた。
　「あれ，オオカミの鳴き声じゃなかった？」とクリストファーの隣に立っていた年配の男性が尋ねた。

「ええ，そうみたい。もう２，３回試してみましょう」とアンは促した。
　人間の遠吠えの響きが消えてから，クリストファーは耳を澄ました。
　「いや，何も聞こえない。聞きたいと思っているから聞こえた気がしただけなんだ」とも考えたが，やはり何かが聞こえたことは確かなようだった。
　その後，２回だけだったが，声が返ってくるのが聞こえた。
　「オオカミが私たちに返事をしてくれたみたいですね。かすかでしたが。かなり遠くで。今，皆さんが聞いたのが，絶滅寸前の野生のオオカミの声です。帰る道すがら，この動物のことに思いをめぐらしてみてください。どうして，こんなに少なくなったのか？　どうして，ここが最後の生息地になったのか？　などなど。この後，宿舎に戻るまでは口をきかないようにしてください。今夜の神秘的な体験をじっくり味わってほしいんです。質問がある方は，宿舎に帰ってからお答えします。」
　クリストファーの好奇心が呼び覚まされた。返ってきた遠吠えはどういう意味だったのだろう？　１頭だけだったのだろうか？　それとも何頭かいたのだろうか？　誰かが遠くでオオカミのまねをしていただけなのだろうか？　本当の危険って何なんだろう？　彼は，次々と疑問がわき起こってくるのを抑えることができなかった。
　ほんの２時間前まで，クリストファーは冷めた少年だったのに，今は，積極的に，どんどん探検に出かけてみようという気になっていた。

活動マニュアル

目　的：夜の探検に出かけてみる。オオカミの生息地に出かけたときは，ぜひ遠吠えハイクをしてみてください。

年齢／人数／場所：６歳から大人まで。最大15人まで。月明かりの夜（満月でなくても大丈夫です）。

道　具：野外で夜を過ごすのにふさわしい服装や靴，または長靴。

進め方：ナイトハイクに出かける前に（もちろん，その途中でも），夜に対する恐怖心を認めあい，この誰にでも起こるごくありふれた感情について率直に話しあっておきましょう。「知ること」は恐怖を和らげる手助けとなります。例えば，オオカミの遠吠えに出かける前に，遠吠えの理由や意味について説明しておくと，恐怖心を最小限にすることができます。想像して恐がるのではなく，事実を知り，危険を正しく理解しておくことです。

出かける地域のオオカミの群の生息地を把握しておきましょう。

「ハウラー」と呼ばれるプロフェッショナルもいます。でも，心配はいりません。オオカミからの返事をもらうには，決して専門的な技術がいるわけではありません。静寂な森で返事をもらうためには，「ハオーーーー」と長く声を出すことが大事なのです。恥ずかしがらずに，大きくハッキリと声を出す練習をしておくといいでしょう。

方法はいたって簡単です。遠吠えをして2分ほど待つ。遠吠えをして2分ほど待つ。もう一度遠吠えをし，また2分ほど待つ。これだけです。

あとは，この章のお話に出てくるリーダーのようにしてください。そして，誰もが沈黙を守り，真剣に行動するのです。夜の野外という状況をうまく使ってください。

アクティビティー：恐怖を乗り越える

1. 地元のネイチャーセンターやオーデュボン協会が主催する「フクロウ探し」のプログラムがあれば参加してみましょう。録音されたフクロウの物音や鳴き声も使って返事をさそってみましょう。

2. 満月が昇ってくる正確な時刻を確かめ，家族や友だち同士の小さなグループで満月が見られる浜辺や見晴らしの良いところに出かけてみましょう。

3．昼間，気分がのびのびするところを見つけ，夜にもう一度そこを訪ねてみましょう。ムーンウォーク（月明かりだけを頼りの散歩）は視覚以外の感覚を刺激し，忘れられない体験となることでしょう。家族や友人を連れて行き，互いに助けあいながらやってみましょう。

4．星座観察は夜の恐怖を和らげる不思議な力を持っているにちがいありません。自宅の庭や公園やキャンプ場で寝っころがり，星座を眺め，その絵を描き，家族や友人にその特徴を説明しましょう。強力な懐中電灯を使って星座を指し示すと見つけやすいですよ。各自で，星座の物語を作ってみましょう。

5．グループの一人にホイッスルを持って隠れてもらい，1～2分間隔でホイッスルを吹くように言っておきます。他の人は，耳だけを頼りにその隠れている人を探してみましょう。

6．シュノーケルをつけて，湖の浅瀬を泳いでみると，水中の素晴らしい世界が，それほど恐れずに体験できます。

7．冬のキャンプの練習に，自宅の庭に快適に過ごせる「かまくら」を作ってみましょう。そして，心をなごませるインテリアを置けば，冬のサバイバルの恐怖に打ち勝つ簡単な方法に気づくことができるでしょう。

知っていましたか？：オオカミは自然のシンボルです

　アメリカ合衆国のオオカミは，ムース，エルク，鹿などを獲物とし，体重は35～80キロにもなります。このパワフルな動物は，本当は人間を恐れているのですが，大昔の神話や伝説から民話にいたるまで，しばしば悪質で意地悪な危険な動物として登場しています。絶滅に瀕している動物のなかでも，これほどまでに誤解に満ちた情報の犠牲者もいないでしょう。
　ハワイ，アラスカを除くアメリカ合衆国48州のうち，ミネソタ州には野生

のオオカミが最も多く生息しています。州北部に生息する約1200頭以外には，スペリオル湖のアイル・ロイヤル国立公園に約20頭，ミシガン州とウィスコンシン州北部にまたがる地域に約35頭が生息していると推定されています。また，カナダには約5万頭，アラスカには約1万頭の生息が推定されています。

　1915年まで，オオカミはすべての州に生息していました。しかしその年，国有地に生息するオオカミを一掃する法律が議会で可決されました。それ以来，わな，銃，毒薬や犬までをも使ってオオカミ撲滅作戦が組織的に効率よくおこなわれ続けました。その結果，1967年までにミネソタ州を除いてアメリカ合衆国本土からオオカミは全滅したと推定されています。1973年には，米国における「絶滅危惧種」のリストにオオカミが加えられましたが，1978年には「絶滅危惧種」から「絶滅危急種」に変更されるようになりました。さらに，ミネソタ州では頭数を制限して，オオカミの狩猟時期を設けようという動きさえあります。

　満月にオオカミが遠吠えをするといったことはありません。遠吠えは，自分自身の存在を知らせる意味を持ち，自分の縄張りの主張を宣言し，集まりを呼びかけるときにおこないます。月明かりは，特に遠吠えとは関係ありません。しかし，遠吠えをしようとするときに，少しでも明かりがある方が都合が良いということはあるでしょう。また，オオカミは人間の呼びかけに返事をします。事実，1985年にはミネソタ州自然資源部の一人の研究員が遠吠えによって得た情報だけを頼りに，約770平方キロに及ぶ地域に生息するすべてのオオカミの縄張り地図を作りあげました。

　1990年代初めには，ミネソタ科学博物館にオオカミの展示が常設されます。一群のオオカミが飼育され，オオカミの歴史が豊富な資料で展示されますので一見の価値があるでしょう。この恐怖のシンボルは，野生への関心のシンボルとなることでしょう。

月明かりは，特に遠吠えとは関係ありません。

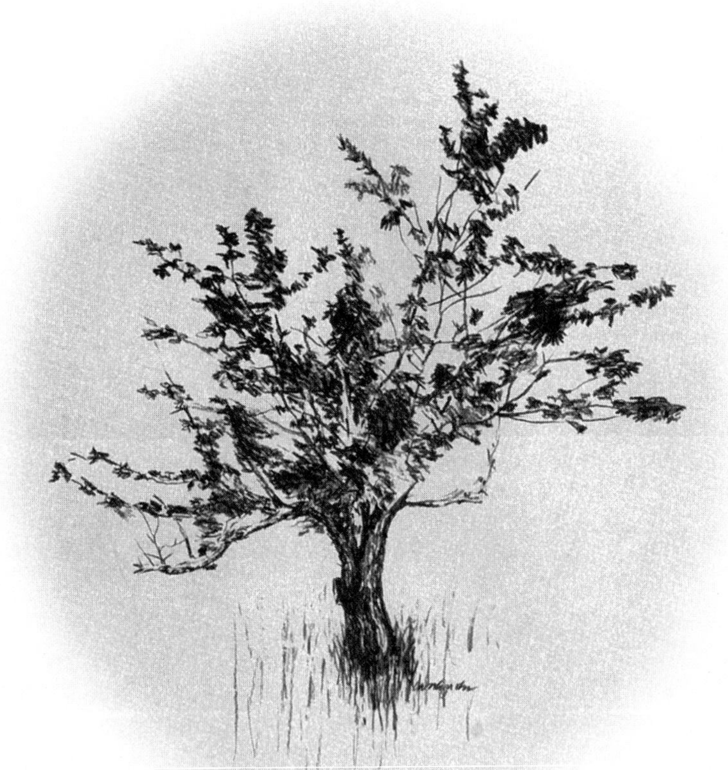

探　検

　誰もが探検家です。遠くの国や宇宙までへも探検に出かける方もいれば、自分の庭を探検する方もいるでしょう。野外の自然を楽しむ方もいれば、人と人との関係を探検することを好む方もいることでしょう。また、周到な準備をしてから出かけて行く方もいれば、チャンスや偶然を生き甲斐にしている達人もいるでしょう。天文学者は星を探検し、哲学者は思想を探検します。私たちの誰もが、新しいものに興味をそそられ、不思議なものに好奇心をかき立てられ、学びや行動へのチャレンジに魅了されてしまう探検家なのです。

　探検というのは、この地球を調べることでもあります。未知なるものや、未知なる場所を調べることでもあり、新しい視点で古いものを見つめることでもあります。探検は行動すること。それはまた、活動的で、楽しくて、ダイナミックなものでもあります。調べているものが見つかりそうになると、ウキウキしてきて、その瞬間、我を忘れてしまっていることでしょう。

　ハイカーが干上がった河原を歩いているところを想像してください。彼女は「アレッ？」と不思議に思って立ち止まり、膝を突き、河原の砂を手に取り、掘ってみることにしたようです。初めは砂利が出てきました。さらに掘り進むと、小石が混じり、さらに深く掘ってみると、大きな石にぶつかってしまいました。

　彼女には探検するにつれ、次々と疑問がわき起こってきました。どのようにしてこんな地層ができたのだろう？　どうして、違った地層が幾層にも重なっているのだろう？　水はどんな役割を果たしたのだろう？　水はどこへ行ってしまったのだろう？　どうして、今ここに水はないのだろう？

　この河原での出来事のように、好奇心は何らかの関心を刺激します。探検というのは、好奇心によって呼び覚まされた疑問に対する答えを追い求め続ける活動ともいえます。

　この節では、あなた自身やあなたを取りまく不思議を探検するさまざまな方法を紹介しています。探検は可能性を秘めた旅にあなたを誘うことでしょう。探検を拒んでいるのはあなたの心の扉だけです。

　扉を開け、探検に出かけてみましょう。

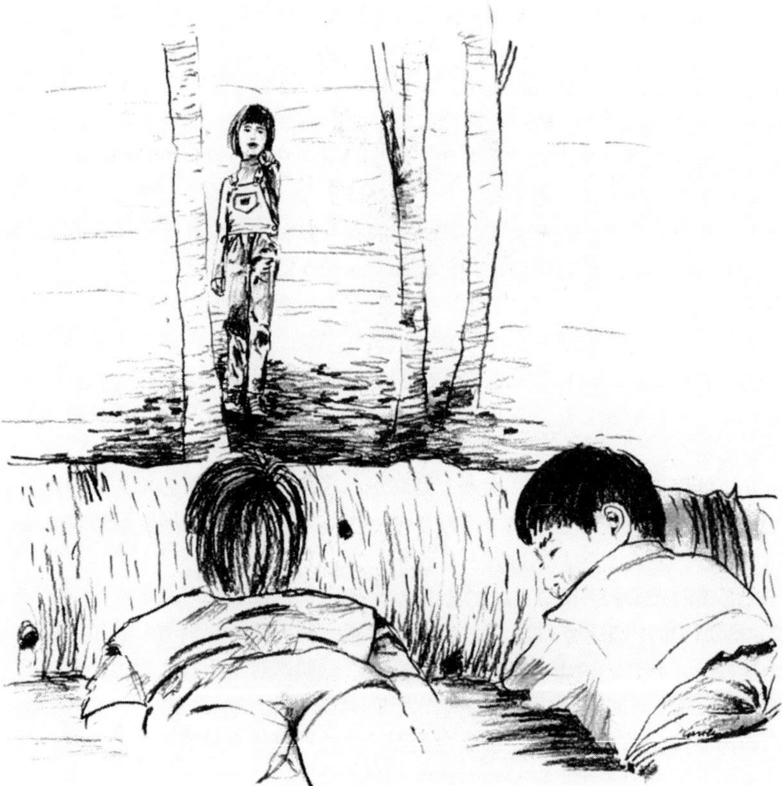

探 検

環境への
気づきや
正しい理解,
知識を
育む
ゲーム

4. 天敵と獲物

　探検のポイントは野外に出かけるということです。野外では身体全体を使うことのできる良さがあります。生態学的な概念を教えてくれるようなゲームは,子どもたちに楽しみながら探検する機会を与えてくれます。
　皆さんも「かくれんぼ」をして遊んだことがあるでしょう。誰もがやったことのあるこのゲームを,自然のなかで,ワクワクするような遊び方に手直しすることで,動物の視点に気づきながら初めての場所を探検することができるでしょう。

おはなし：天敵と獲物

「アン，みーつけた！」とアムバーが大声を上げた。アンは干し草のなかから顔を出し，「天敵」役のところへ歩いていった。アムバーは天敵のタカ役だ。「頭が動いているのが見えたわよ」とアムバーはアンに告げた。

でも，このゲームが初めての6歳のアムバーが一生懸命に探しても，ブライアンやギャレンを見つけることができなかった。アムバーのしょんぼりした様子を見て，アンは助け船を出し，天敵が目を閉じているあいだ，獲物は立ちあがって天敵に近づかないといけないというルールを思い出させた。ブライアンは小さなトウヒの，ギャレンは大きな岩のかげに隠れていた。二人はネズミの役になっていた。アンとアムバーは目をつむり，大きな声で20数えた。

ブライアンとギャレンがうまく隠れたので，アムバーがだだをこねた。「ずるい，二人ともうますぎるんだもん。」

「ねえ，タカがお腹をすかしたとき，どうやって獲物を見つけると思う？」とアンが尋ねた。「食事にありつこうとネズミやハリネズミを見つけるのは大変なことでしょうね。」

「うん，でも，タカは空高く飛んでるから，わたしより見つけやすいわ。」

「そうね。じゃあ，2匹のネズミが隠れるとしたら，どこが一番見つかりにくい場所か一緒に考えてみようか。ほら，ネズミたちはさっきよりも近くに隠れなきゃならないはずよ。」

6歳のブライアンは何度もこのゲームをしたことがあった。初めは一人で隠れることができなかった。つい最近まで，すぐに見つけられてしまっては腹を立てていたが，今日は迷彩色のズボンにはきかえてきたから，簡単には見つからないはずだ。

7歳のギャレンはこのゲームの達人で，グループのなかでもバリバリのナチュラリストだった。コガラが手のひらに乗せた種をついばみに来るの

をじっと座りながら15分も待っていることが，雪のとりでを作ったり，そり滑りをしたりするのと同じように楽しい，といったたぐいの子どもだった。

　ゲームの一回目ではブライアンがタカ役になり，ギャレンは栗色のジャケットが目立ってしまい，すぐに見つかってしまった。そのせいで，ギャレンは敵に見つからないカモフラージュの方法に気づき，今度はジャケットを脱いで，秋の大地に身を伏せた。

　「ウワー！　あれ見て！」ギャレンがむくっと立ちあがって，空を指さした。

　「ギャレン，見つけた！」アムバーが叫んだが，ギャレンは気にしなかった。「アン！　あれ見て！　ハヤブサじゃないかな。」アンがギャレンのそばへ走り寄り，指を差しているあたりに目をやると，すぐそこの山の上空で2羽のハヤブサが急降下しているのが見えた。

　「まあ，すごい。あなたの言う通りだわ。双眼鏡を取ってくるね。」双眼鏡をのぞいてみると，ギャレンが言った通りだった。とがった長い翼，細長い尾，黒い頭をしていた。

　「母さん，ハヤブサをこんなに近くで見たのは初めてだね」とブライアンが言った。「今度は僕がハヤブサになってもいい？」

　「もちろんよ。じゃあ，20数えて。」

　アンは大きな岩の後ろで仰向けになって隠れ，ハヤブサが急降下するのをもう一度見てみようと空を眺めた。そして，ブライアンの様子を見ようと体の向きを変えたとき，気をつけていたつもりだったが，ブライアンの声がした。

　「みーつけた！」

　アンはブライアンのところへ歩いて行き，「ブライアンはとても鋭いハヤブサね」と褒めた。ブライアンは顔をほころばせながら他のメンバーを探し始めた。

　アムバーとギャレンも見つかってしまうと，アンは子どもたちを集めて，今日のゲームをふりかえってみた。

　「どうして，かくれんぼしたんだったっけ？」

　「てんてきとえもののことを勉強するため。」アムバーの答えにギャレ

EXPLORATION：天敵と獲物　　47

ンが付け加えた。「カモフラージュして隠れたよ。」
　「さっきの２羽のハヤブサの獲物は何だったのかしら？」
　「ネズミ」とブライアン。「小鳥」とギャレンが続いた。
　「ご名答。ハヤブサはうまく獲物をとれたと思う？」小さなナチュラリストたちは少し首をかしげた。アムバーはブライアンやギャレンほど自信はなかったが，何か言うチャンスだと思って言ってみた。
　「とれなかった。」
　ギャレンが付け加えて，「アムバーの言う通りだよ。だって，あのハヤブサ飛び続けていたもん。」
　アンは子どもたちのゲームの出来を褒め，家に帰ろうとうながした。
　車のところへ戻る途中，またハヤブサが姿を見せた。子どもたちはしばらく立ち止まっていたが，そのまま山道を下っていった。アンは動こうとはせず，ハヤブサの姿がスペリオル湖の向こうで小さな黒い点になるまで，じっと見つめ続けていた。

活動マニュアル

目　的：「かくれんぼ」を応用して，動物の行動をより良く理解する。

年齢／人数／場所：年齢に制限はありません。大人は大人なりに楽しむことができるでしょうし，就学前の子どもや，３世代が一緒になって遊ぶこともできます。就学前の子どもがいる場合は，年上の人とペアを組んで隠れてあげるのがいいでしょう。メンバーは３〜４人から20人前後ぐらいが適当です。このゲームでは，何分間も動かずにいなければならないので，隠れる人が寒すぎたり，濡れたりしない時期や場所を選んだ方がいいでしょう。でも，このゲームを冬にしてみるのも楽しいものですよ。私たちは，防寒着で身をくるみ，マイナス５度のなかで楽しんだこともあります。牧草地や木立の茂っている森でするのが最高です。

道　具：天敵役の巣とゲームの範囲がわかるような目印。周囲にとけ込む服装。

進め方：ウルシなどの植物や崖，川や池の深みのあるような危険な場所から離れた，隠れる場所がたくさんあるところを選んでください。

　　　　まず，「このあたりに棲んでる動物って知ってる？」といった質問から始めてみましょう。チョウチョウやカエルといったものからシカやタカといった知ってる限りのリストを書きあげてゆきます。「天敵（獲物をねらっているもの）って何だろう？」といった問いかけには，たとえ5歳未満の幼児からでも，何らかの答えが返ってくることでしょう。「このあたりに棲んでいる天敵って何だろう？」「獲物って何だろう？」，はっきり分けられない場合もあるでしょう。例えば，タカに食べられるけれど，昆虫を食べる抜け目のない生き物はどっちに入るでしょう？

　　　　このときにこそ，自然界のバランスを維持しているさまざまな生き物の重要性について話をするチャンスなのです。

　　　　このゲームのルールは簡単です。まず初めに，境界線を決めておきます。全員が見ているところで，あなたがその境界線に沿って歩いてみるとわかりやすいでしょう。その後で，天敵役の「巣」の輪の中に入ります。ゲームを始める前に，そのゲームの範囲の目印を決めておきます（半径が15〜30メートルほどで，目印になる植え込み等によって決めます）。

　　　　リーダーになって子どもたちとこの遊びをするときは，初めにあなたが天敵になってみましょう。このときに，一回目が終わった時点で全員が移動することができるといった新しいルールを付け加えても誰も覚えてくれないでしょう。子どもたちは誰もがオニになりたがっているはずですから，次の天敵になる順番を決める方法をあらかじめ考えておいてください。

　　　　子どもたちにルールを簡単に説明します。「今から目を閉じて20数えます。私が必ず見えるところで隠れる場所を見つけてください。」（このルールは，迷子を防ぐために大変役に立ちます）「20数え終わったら，私は天敵のものまねで鳴き声を出します。そして，見つけたときは，見つけた人を指さして名前を呼びますから，その

人は私の所に来てください。」（見つけられた人がオニ「天敵」のところに来ても，次の回まで隠れている人を見つける手助けはできません）「もうこれ以上見つけられなくなったとき，『もう降参，みんなその場で立ちあがって』と声をかけます。その後，もう一度目を閉じて20数えますから（捕まっている人も一緒に），そのあいだに隠れ場所を変えてください。」

　このゲームは，全員が捕まってしまうか天敵がギブアップするまで続けます。

　ゲーム終了後，全員が集まり，気づいたことを話しあいます。「隠れ場所として良かったのはどんなところだった？」「どんなものの後ろが見つかりにくかった？」「カモフラージュを使った？」「天敵をどう思った？」子どもたちが次の回をしてみたくなるまで話合いを続けましょう。そして，全員が十分楽しむまでゲームを続けてみてください。

　大人やティーンエイジャーの場合は，まわりの自然界で起こっている天敵と獲物の関係を学ぶ話合いの時間を持つといいでしょう。子どもたちの場合は，家への帰りすがらにこのような話をするぐらいにしておきましょう。

アクティビティー：環境ゲームで遊んでみよう

1. 公園へ行き，その場所を棲みかとしている動物の話をします。そして，誰が誰を食べるのかを決め，それぞれの動物の役割毎にグループを分けます。準備ができたら，天敵がそれぞれの獲物を追いかける「鬼ごっこ」をしてみましょう。

2. 芝生の一角にバラバラといろいろな色のビーダマを放り，制限時間内に探しっこします。どうして見つけやすいビーダマとそうでないのがあったのかについて話しあい，植物や動物界におけるカモフラージュの話をしてみましょう。

3．地図と磁石を使って，広場や近所の公園にオリエンテーリングのコースを作ってみましょう。ステーションを設定し，それぞれのステーションで，さまざまな手触りのもの，匂いのするもの，音のするものから，詩を書いたり大地に種を植えるといったことも組みこんでみましょう。

4．渡り鳥について学ぶ目的で，コンパスを使って事前に準備しておいたコースを歩いてみましょう。コースには，天敵のようにふるまう昼食ポイント，景観について話しあうための展望台，鳥の歌声を録音しておいたテープを使ったりしながら3～4カ所の立ち止まるポイントを設定しておくといいでしょう。

5．森や広場へ歩いて行き，ビニールテープを使ってあなたが選んだ猛禽類（天敵）の仮想の生息地を設定します。その猛禽類の巣を作り，鳥の絵を隠しておき，他のメンバーがその鳥を探しだしてみるのです。グループで選んだ猛禽類のお話も考えておいてください。

6．動物の棲みかかくれんぼをしてみましょう。グループの何人かが動物役になって隠れ家を作り，他のメンバーはその隠れ家を探します。隠れ家を見つけたら，どんな動物だったのかを当てっこしてみましょう。

7．草原や森といったような，さまざまな生息環境でこの天敵・獲物ゲームをしてみましょう。そのとき，その地域に生息していると思われる動物やその適応の仕方について話しあってみましょう。

8．この天敵と獲物ゲームをいろいろな季節にしてみましょう。冬にこのゲームをしてみると，カモフラージュの本当の意味がわかることでしょう。

9．群で行動するという変形バージョンでやってみましょう。動きながら天敵と獲物ゲームをするのです。天敵が動きまわり，獲物は生息地である安全地帯に逃げ込まなければなりません。獲物が捕まえられると，天敵の群に加わり，一緒になって獲物を捕まえます。

10．ある木に触っていれば安全といったように，さまざまなルールで鬼ごっ

こをしてみましょう。

知っていましたか？：ゲームは探検に誘います

　ゲームは野外で探検するときの大切な手法です。多くのゲームは，私たちを取りまくものに気づかせ，楽しみながら学ぶことができます。協力，信頼，思いやりといった態度をゲームを使って身につけることもできます。ゲームは自身への気づきを高め，このゲームのような天敵と獲物といった生態学の概念を学ぶために使うこともできます。

　ここで紹介した天敵と獲物のゲームは，私たちが生態学の概念を教えるために作った多くのゲームのほんの一部です。その他にも，食物連鎖，生物の多様性，人口の変動といったこともゲームを通して説明することができます。

　『ネイチャーゲーム』には，この種の素晴らしいゲームが多く紹介されています。『プロジェクトラーニングツリー』『プロジェクト WILD』『プロジェクト WET』といった事例集も使いやすいでしょう。他にもゲームを創作し，使うことで環境問題への気づきを呼び起こしたり，地球を救うために必要な協力心を育てることもできます。

　感覚を使うようなゲームもたくさんあります。臭覚，触覚，聴覚を使い，楽しく競いあいながら自然のあらゆるものを感じる手助けに使えます。

　シュミレーションゲームは環境問題と結びつけ，互いに影響しあうものを説明するときに有効です。大気汚染，水問題，有毒廃棄物の処理，リサイクル，絶滅危惧種の管理，人口と土地利用といったことはどれも，その文化の持つ価値観や宗教，技術，政治，経済との相互作用のうえに起こっているものばかりです。

　ロールプレイングゲームやボードゲーム，コンピューターゲーム（どのゲームも手法や理論の基本は同じです）は，問題の複雑さに気づかせ，現実的な解決に向けた認識や行動へのチャレンジとして使うことができます。

　数多くの環境学習に関するコンピュータープログラムが作られてきました。おそらく，もっとも規模が大きくて，もっとも挑戦的なのは1967年の万国博覧会でバックミンスター・フラーがデザインしたワールドゲーム（World Game）でしょう。現在では，ワールドゲーム協会の主催するワークショッ

プで紹介されています。このゲームは，数百人の参加者が巨大な世界地図（ゲーム版）の上でプレイをするというものです。参加者は資源に関する情報を駆使し，経済や政治，エコロジーといった視点を通して，貧困，住宅問題，エネルギー，核戦争の脅威といった世界規模の問題解決への戦略を立ててゆきます。

『ザ・ニューゲームブック』は，勝ち負けを競わないゲームへの関心を巻き起こしました。ニューゲームのキャッチフレーズは，思いっきり身体を動かし，公平に，誰もケガをしないというものです。このニューゲームの手法は，とりわけ自分自身への気づきや生態学，環境問題といったものを取り扱ってはいませんが，環境問題の解決に役立ち地球市民として身につけていなければならないことに焦点が当てられています。それは，一緒に体を動かしながら，笑い，協力しあい，互いをいたわる大切さを教えてくれます。

数々のニューゲームでは巨大な地球のボールがよく使われます。また，人間知恵の輪，人間ピラミッド，スタンドアップ，ラップシット等のゲームは，環境問題の解決を目的としたワークショップだけではなく，家族でのピクニックに喜ばれています。

もし，これらの本を図書館や本屋さんで見つけることができなかったら，子どもたちに聞いてください。子どもたちは多くのゲームを知っているはずですから。

協力，信頼，思いやりといった態度をゲームを使って身につけることができます。

地球を救うために必要な協力心を育てるために使うことができます。

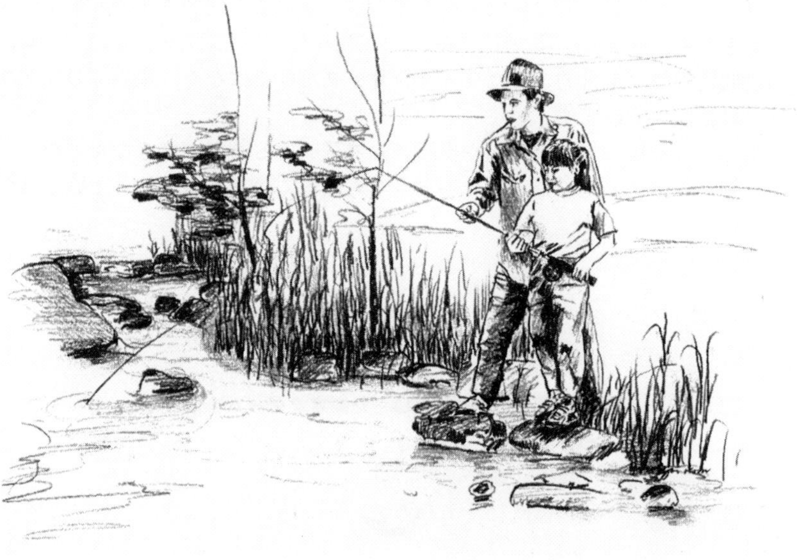

探　検

子どもたちに
野外技術を
伝えながら
自然を
探検する

5. 釣れた！

　森に散歩に出かけたり，カヌーや釣りを一緒にしたり，もちろん自宅の庭をちょっと一緒に歩くだけでも，大人と子どもの心が通じあうことができます。大切なのは，どこで，何を探検したのかではなく，どのようにしたかなのです。一緒にすれば，きっとお互いの〈センス・オブ・ワンダー〉を生き生きと保つことができるでしょう。
　子どもに何らかの技術を伝えるには，野外に出かけ，親子で探検することがもっとも簡単な方法です。このお話では，釣り好きの父親が6歳になる娘に川釣り師になるための忍耐と決断力を伝えているところです。

おはなし：釣れた！

「フランク，そんなに遠くまで釣りに連れて行くなんて無理よ！」
「母さん，あたし，それぐらい歩けるもん。」
「大丈夫だって，アストリッド。ビーバー池に行くだけだよ。滝までは行かないから。」
「でも，この子は釣りの，つの字もしらないのよ。」
「でも，あたしはやってみたいの。父さんが6つになったら教えてくれるって約束したんだもん。」
　フランクはにやりとするだけで何も言わない。ついにアストリッドも根負けした。
　1時間後，川のほとりでフランクはアンに話しかけていた。「父さんが釣り針に餌をつけてあげよう。でも，釣りをやりたかったら自分でできるようにならなきゃだめだよ。初めにこうやって虫を突き刺してから，あと5，6回針を通すんだ。」
　アンは口をつむんで真剣に見ていた。父さんは何事も1回しか説明しない人だった。
　「少し段差のあるあたりに，丸太や岩がごろごろ転がっていて，流れが淀んでるとこが見えるかい？」フランクにこう聞かれ，アンはうなずいた。「あそこにマスが隠れてるんだ。やつらをびっくりさせちゃだめだぞ。あそこまでそっと近づいて行って，一緒に釣ってみよう。」
　アンはワクワクして，息が詰まりそうだった。木切れを踏まないように気をつけながら，川べりを父さんの後ろから歩いて行った。これまでは父さんの釣りの話を聞くだけだったけど，今，自分も父さんと一緒に釣りに来ているのだ。
　「さあ，これから父さんが淀みに糸を投げるから，よく見ておきなさい。」
　しばらくすると，魚がかかり激しく糸を引き始めた。

「父さん！　かかった，かかった！」
　フランクはマスを引き寄せると，魚の口の上の糸を用心深くつまんで，ぐいっと針を引き抜いた。
　小さなマスは川のなかに落ちた。フランクは唖然としている娘の方を振り返り，説明してやった。
　「今のは，まだ小さかっただろう。もっと大きくなってからじゃないとだめなんだ。やつを傷つけるような触り方をしなかったのに気づいたかい？　ああしておくと，大きく強く育ってくれるだろう。来年になったら，やつを釣りあげに来よう。」
　アンは，釣りには覚えなければいけないことがいっぱいあるということがわかった。針に餌をつけたり，穴場を見つけたり，釣り糸を流れにまかせたり，小さな魚を放してやったり……。彼女は腰を下ろし，静かにしながら，じっと眺めていた。父さんは質問されるのが好きじゃないことをアンはよく知っていた。でも，とうとう待ちきれなくなった。「私も釣っていい？」
　「竿を貸してごらん。ここでやってみよう。」
　二人は立ちあがり，一緒に穴場を回った。フランクが二人分の釣り糸を投げては，魚がかかるのを黙って二人で待つ，ということの繰り返しだった。時折，釣り糸をぴんと張るようにとか，水に自分の影を映さないようにとか，フランクがちょっとしたアドバイスをした。しかし，わざわざ言葉をかわさなくても，初めて一緒に釣りに来たことで二人は仲間意識を感じていた。
　この日は一尾も釣れなかったが，この後，二人は何度も釣りに出かけるようになった。
　アンが8歳になった頃には，もう自分で穴場を見つけられようにもなり，フランクは彼女のことを頼もしく思うようになっていた。絡んだ釣り糸を直したり，餌をつけかえたりもできた。それに，釣りに行くたびに，たいてい2，3尾ぐらいは釣れるようになっていた。
　年を追うごとにフランクはアンを山の奥の方へ連れて行くようになった。途中，小川をうまく横切る方法を教えたり，古くから知っていた木いちごの生えている場所へ案内したりした。空高く飛ぶワシを見て感動したり，

小川を歩いているカワガラスのこっけいな様子に笑い転げたりしたこともあった。
　12歳になるまでに，アンは渓流釣りを完全にマスターしていた。そんなある日のこと，しばらく釣り糸を垂れているのに，獲物どころか，あたりさえこない。彼女はいらいらしてきた。それに，いつも父が自分の前を歩いて行って，先に穴場に糸を垂れるのも，かなり頭にきていた。アンは，まだ誰も見つけていない穴場を見つけてやろうと決心した。
　彼女は父の近くまでやって来て，彼がさっきまで糸を垂れていたところで，いい加減に糸をたらしながら，彼が次の穴場へ行ってしまうのを待っていた。父はうっそうとした茂みに囲まれた穴場を通りすぎ，上流へ行ってしまった。
　「あの茂みの横の淀みなら，きっと大物が釣れるわ」と，アンは冷たい流れにそっと足を入れてみた。初めに糸を投げたとき，針は淀みの手前に落ちてしまい，2回目もふちまでしか届かなかった。3回目に，狙っているところへうまい具合に流れていった。時間が過ぎていった。足元の流れは激しく，痺れるほど冷たいものだから，アンはあきらめようと思った。そのときだ，かすかに引いている。餌をつついているようだ。次の瞬間，竿がぐいっと引っ張られた。
　「きゃあ，大物だわ！　どこに釣りあげたらいいの？」アンは大声を上げた。
　片手で竿を握り，急流に体をすくわれないように，もう一方の手で水のなかの岩をつかみながら，ゆっくりと後ろへ下がった。「どうか逃げないで，お願い。」祈るような気持だった。二歩下がったところで，ちょうどいい場所が見つかった。魚を茂みのなかへ投げ込めば，魚が針から外れても何とか捕まえられる。
　「1，2，3，えい！」と叫びながら，竿を後ろにふりあげた。
　魚は柳の茂みに飛びこみ，どこにいるのかわからない。針からは外れてしまったが，陸の上だから逃げられないはずだ。アンは，竿を手に持ったまま，岸に上がろうと向きを変えた途端，しりもちをついてしまった。びしょぬれなのも気にもせず，急いで起きあがった。
　「どこに行ってしまったのかな？　探さなきゃ！」柳の茂みのなかへは，

入りにくそうだったが，釣り竿を岸に置き，葉っぱや枝の絡みあうなかを腹這いになって進んでいった。

　魚の跳ねる音は聞こえているのに，姿が見えない。しばらくして，ついに魚を捕まえた。50センチもある綺麗なニジマスだ。「わぁー！　父さんはきっと褒めてくれるわ！」

　彼女はポケットに手をつっこみ，魚を吊るす紐を取りだした。「信じられない！　こんなに大きいの，釣ったことないわ。」すり傷だらけの小さな釣り師は声をあげて喜んだ。

　一方，フランクは気が動転していた。アンを見失ってから，ずいぶん時間が経っていたからだ。口笛で呼びかけたのに返事もなかった。アンは気づいてなかったが，父はいつも娘から目を離さないようにしていたので，20分以上姿が見えないなどということは，それまではなかったのだ。彼は大きな岩や柳の茂みのそばを通って，さっき自分が釣りをしていた場所に戻ってきた。そこでやっと砂の上にアンの足跡を見つけた。

　しばらくして，ようやく二人は相手を見つけあった。アンは，びしょ濡れのまま，ニコニコしながら，さっきまで心配していた父に大きな魚を自慢げに見せた。フランクは，娘の無事を感謝するやら，娘のたくましさに感動するやらで，思わず彼女を抱き寄せた。それがアンにとっては何よりものご褒美だった。

活動マニュアル

目　的：子どもと一緒にアウトドア技術を楽しむ。

年齢／人数／場所：子どもなら何歳でもかまいません。ただし，その活動に関心を持っていることがポイントです。

道　具：小さなカヌー好きには身体に合ったパドルが，イチゴ摘みをするにはバケツが，釣りをするには釣り竿が必要です。子どもに道具を与えるということは，責任を持たせるというサインです。

進め方：あなたの冒険談を話してみてください。家族と過ごす夕食の団らんのひとときに，それとも二人きりで，「どこへ行ったのか」「何をしたのか」「冒険したくなった理由」などといったことを子どもたちに伝えることから始めてみましょう。というのも，このような会話がこれからのわかりあえる関係作りのきっかけとなるからです。

　子どもに準備ができるまで待たなければなりません。準備というのは，興味を持つということと，実行能力を備えるという2つの意味です。子どもが「一緒に行きたい」と頼みだしたとき，興味があるというサインです。あなたに教えるための忍耐さえあれば，子どもたちはいつでも技術を身につける能力を持っています。

　まず，身につけようとする技術を，ちょっとした努力で成し遂げられる段階に細かく分けます。例えば，釣りを教える場合，何とか棒切れが持て，テグスに浮きを結びつけた棒を思うように振り回せるようになってから，小さな池に出かけてみましょう。4～5歳ぐらいになると，子どもは本物の竿を欲しがることでしょう。あなたの使い古しの1本や子ども用の安い竿を買い，餌と浮きをつけて思うように振り回してみましょう。初めは，キャスティングからです。

　教えるものが何であろうとも，野外での活動は短く，楽しく，子どものニーズにピッタリと合ったものでなければなりません。子どもの集中力と運動能力が高まるにつれ，より難しい野外での活動に挑戦してみましょう。

　また，大人同士で出かける機会をも作り，技術や興味を維持するようにしてください。例えば，大物の魚を狙うとか，バケツに何杯ものブルーベリーを採るとか，カヌーで40キロもの距離を3日で漕ぎきるとかというような経験をすれば，子どもに対してより忍耐力を教えることができるでしょう。

　知識を詰めこもうとしないように注意しましょう。子どもは，あなたが得意としているバックパッキング，釣り，スキーといったことにさえ興味をなくしてしまうものだということを忘れないでください。子どもたちの自由にさせてください。しなければいけないといった気持が薄れたり，気持が変わればそのうちにやってみようと思うようになるでしょう。あなたのお子さんが心の底からあなたと一緒に行こうと思っていないときに，無理に誘うことは逆効果にな

ってしまいます。

　　子どもが希望すれば，野外に出かける回数を少しずつ増やしてゆきましょう。知らず知らずのうちに，子どもの技術やスタミナについていくのに精いっぱいになり，息を切らしてしまうかもしれませんね。

アクティビティー：持ち前の技術を子どもに教える

1．ブラックベリーのような実のなる植物を見つけ，それが熟する季節に果実摘みの計画を立ててみましょう。食べきれないものは冷凍しておくか，著者宛にパイにして航空便で送ってください！

2．絶滅危惧種について調べ，動物園や自然保護区などを訪ねてみましょう。

3．雪や雨の後，鹿等の哺乳類や鳥などの足跡がついていることでしょう。石膏を用意し，動物の足跡取りをしてみましょう。

4．野生動物写真コンテストを友だち同士や家族でやってみましょう。一日でどれだけ多くの哺乳動物の写真を撮ったかとか，水に関係する写真を集める，といったことを目標にしてはどうでしょう。もちろん，あなた自身のアイディアでどんどんおこなってください。そのときには，約束事や目的をはっきりさせておくように。

5．誕生パーティーに公園で宝探しを計画してみましょう。「手がかりはあの一番高いホワイトパインの根もとですよ」といったように，自然のなかにヒントを隠しておいてください。

6．おおくま座が一晩に移動するコースを図にしてみましょう。ティーンエイジャーにとって特にこの課題は，一晩中起きている機会ともなり，きっと楽しみとなることでしょう。

7. 鳥の餌場を作り，行動を調べてみましょう。ある種の鳥の行動を注意深く観察し，その記録を他の種の鳥の行動と比べてみてください。

8. 家族でキャンプに出かけたときには，ファイヤーの組み方，野外での料理，キャンプサイトの設営などを子どもたちに教えましょう。

9. 香りの強いミントやニオイシダを使って10メートルほどの「鼻道ハイク」のコースをデザインします。目隠しをして出発点に案内し，終点までに匂いのしたものを確かめてみましょう。

10. 3世代カヌー旅行を計画し，あなたが若かった頃に通ったことのあるルートや毛皮商人や探検家が通ったような歴史的なルートをたどってみましょう。

11. お花畑や野菜畑の一角に，子どもたちのハローウィンで使うかぼちゃを植えてみましょう。

12. メンバーを目隠しして，五感を使って森のなかを歩いてみましょう。

知っていましたか？：レイチェル・カーソンは自身の〈センス・オブ・ワンダー〉をわかちあいました

　レイチェル・カーソンは海洋生物学者でしたから，メイン州の海辺を甥のロジャーと一緒に探検に出かけたときに見つけた植物や動物の名前は，もちろんすべて知っていました。しかし，彼女はそんなときにも，わくわくするような発見の旅へ，心の友と一緒に森のなかを歩くように接していました。
　美しく複雑な自然の世界を探検する大人と子どものかかわり合いを描写した古典『センス・オブ・ワンダー』のなかで，カーソンはロジャーと一緒に海辺を探検したときのことを綴っています。
　カーソンは寝るのも忘れて，満月が昇ってくるのを眺めていたときのことをこのように書いています。「幼い心に焼きつけられてゆく素晴らしい光景

の記憶は，彼が失った睡眠時間をおぎなってあまりあるはるかに大切な影響を，彼の人間性に与えているはずだとわたしは感じていました。」

　先導するのではなく，カーソンはいつもロジャーの関心を示すものに寄り添って歩きました。彼女は生き生きとした子どもの感覚を大切にしていたのです。

　　もしもわたしが，すべての子どもの成長を見守る善良な妖精に話しかける力を持っているとしたら，世界中の子どもに，生涯消えることのない〈センス・オブ・ワンダー〉を授けてほしいとたのむことでしょう。この感性は，やがてやってくる倦怠と幻滅に対する，かわらぬ解毒剤になる……

　カーソンは，子どもが生涯にわたって〈センス・オブ・ワンダー〉を生き生きと保つためには，感じたことを共感しあってくれる大人が少なくとも一人必要だと感じていました。そして，子どもの〈センス・オブ・ワンダー〉を育むためには特別な技術や知識は必要ではないと信じていたのです。「わたしは，子どもにとっても，どのようにして子どもを教育すべきか頭をなやませている親にとっても，『知る』ことは『感じる』ことの半分も重要ではないと固く信じています。」

　カーソンは，星を見上げ，風に耳を傾け，雨を感じ，動物たちの渡りの神秘性について思いを馳せることを大人に求めました。

　　子どもといっしょに自然を探検するということは，まわりにあるすべてのものに対するあなた自身の感受性にみがきをかけるということです。それは，しばらくつかっていなかった感覚の回路をひらくこと，つまり，あなたの目，耳，鼻，指先のつかいかたをもう一度学び直すことなのです。

　彼女は期待を込めて，生き生きとしたこのエッセイを締めくくっています。地球の美しさについて深く思いをめぐらせる人は，生命の終わりの瞬間まで，生き生きとした精神力をたもちつづけることができるでしょう。……自然がくりかえすリフレイン……夜の次に朝がきて，冬が去れば春になるという確かさ……のなかには，限りなくわたしたちをいやしてくれる何かがあるのです。

「生涯消えることのない〈センス・オブ・ワンダー〉を授けてほしいとたのむことでしょう。」レイチェル・カーソン

「『知る』ことは『感じる』ことの半分も重要ではないと固く信じています。」　　　　レイチェル・カーソン

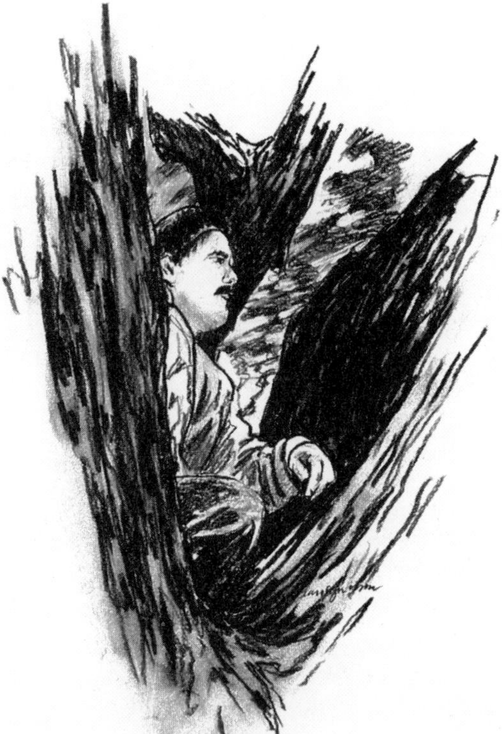

探　検

同じ所の自然を
さまざまな
時刻や
季節に
探検する

6. コットンウッド（ポプラ）の枝に抱かれて

　探検というのは，ある場所から次の場所へと移動すること。新しい風景や音に触れ，新しい技術を身につけ，見知らぬ人と出会うことを意味しています。それとも，ある地域をすみからすみまで歩き回り，その場所を魅力的で美しくしている何か大切なものを見つけだすことかもしれません。その場所を取りまく景色や音，匂いなどは，じっと一カ所で座り続けていればより鮮明になってくることでしょう。
　このお話では，ジョーが木の上でシカを待ちながら，木立の繊細な美しさに見入り，そのあと地球とのつながりや自分自身の内面にしまわれていた出来事に気づいていきます。

おはなし：コットンウッド（ポプラ）の枝に抱かれて

　夜明け前の闇のなか，あたりは静まり返り，空気は冷えきっていた。ジョーは裏庭と木立を隔てている柵をそっと乗り越えた。森へ続く小道はすっかり頭のなかに入っている。物音を立てずに歩くその足取りはインディアンのようだ。
　夜中に雪が降ったみたいで，おかげで足音があまりしない。古い松の木の横を静かに通りすぎ，おととしの夏の強風で倒れ，朽ちかけている楡の木の幹をまたいだ。まるで，真新しい白い毛布をかぶって眠っているようだ。
　「シュッ」というかすかな音を立て，何かが目の前をかすめ，ジョーは思わず立ち止まった。見上げてみると，オオミミズクが頭の上にいた。暗闇のなかで物音ひとつ立てないで狩りをすませ，ねぐらにしているポプラの老木に戻ってきたところのようだ。まつげの上にうっすらと雪をのせたまま，ジョーは静かに立ちつくしていた。ジョーは今までに何度もこのミミズクを見かけていたので，親しみを感じていた。ジョーは夜の仕事を終えたミミズクと交代して，このサウスダコタの植林地にある狩り場で昼の獲物をねらってやるつもりだった。
　夜明け前の静寂に心を奪われながら，ジョーは立ち尽くしていた。そうしているわけにはいけないと思いながらも。
　ジョーがポプラの老木に近寄り，枝の上によじ登ったとき，オオミミズクは自分の席を譲り渡すかのように，音も立てずに闇のなかへと飛び去った。その場所は，何だか落ち着いた気分にさせ，心も休まり，日の出を見るにもちょうどいい。
　ずいぶん前のこと，カエデの葉が秋の装いを始めた頃，ジョーは「自分の木」を探すために何日もかけ，4ヘクタールにも及ぶこの防風林をすみからすみまで歩き回ったことがあった。ウサギ，リス，キツネ，コガラ，シカといった野生動物のサインやけもの道，餌場などを探しまわってい

うちに，頭のなかには木立のなかを縦横に走る無数の小道の地図が出来上がっていた。

　雨風をしのげ，安全で，そして何よりも獲物を待つのにうってつけの木を探して，あらゆる木を見てまわった。

　秋が移り行くあいだに，ものの見方も変わっていった。この「ばあさんポプラ」を見つけるまで，木という木を選りすぐっては登ってみた。「ばあさんポプラ」のてっぺんからは，トウモロコシ畑や沼地へ抜ける鹿の通り道になっていそうな小さな原っぱが見下ろせた。

　ジョーは腰を下ろし，耳を澄ませた。ゆっくりと白んでくる朝の光に照らされて，星が姿を消していった。もうすぐ，早起きな動物たちの出番がやってくる。はじめに，コガラ，ゴジュウカラ，カケスたちのさえずりが次第に大きくなり，次に，カラスが目を覚まし，朝一番に飛び立つ前に大きく伸びをする。しばらくすると，ウサギとリスの登場だ。風のささやきやコガラのさえずりに合わせて，バレエのステップを踏み始める。

　薄曇りの空に小鳥たちのコーラスが響き始めた。そこへ，静かに吹いてきた風が，頭上の枝に積もったふわふわした雪を払いのけた。雪片は抱きかかえるようにしている古いライフルとその腕にふわっと舞い落ちた。彼は静かに，時を忘れて座り続けた。

　舞い落ちる雪のように，ライフルのことや父親のことなど，さまざまな思い出が頭のなかに現れては消えた。

　ジョーは父や兄弟と一緒に狩りに出かけ，新緑のカシの木立のあいだを跳ねまわるリスを追いかけまわしたことを思い出していた。

　10代の頃，ウィスコンシン州北部のフランボー川に近い森に，父と鹿狩りによく出かけた。夕暮れどき，一日の狩りを終え，静かな小道を父と二人きりで歩くのが好きだった。その日に目にしたものや，探検した所をしゃべりあったものだった。ビーバーダムをいくつも横切り，古びた狩猟小屋へと向かった。窓からこぼれるランタンの灯りや，松の木の燃える匂いが家路を誘った。そんなとき，二人の心はつながり，一日が平和に終わったことに対する感謝の思いがあふれる安らぎに満ちた時間になった。

　二人が並んで歩いているあいだ，一体どのような不思議な力が二人を包みこんでいたのだろうかと，ジョーは後になってよく考えた。何もかもが

正しく，神様に守られているような気がしていた。ジョーは，カラマツの木立に囲まれた沼地やビーバーの棲息している池のまわりを，一日中せわしなく歩きまわっていたが，そのあいだ，父は川を見下ろす丘の上に登り，カエデの木のそばに腰を下ろしていた。父は「牡鹿が来るのを待ってるんだ」と話してくれた。

　時々，ジョーも父親をまね，腰を下ろしてシカを待とうとしてみたが，数分が数年にも感じられ，我慢できなかった。父の瞳に浮かぶ安らぎと穏やかさは，父がカエデの木のそばで一人で過ごす静かな時間と何か関係があるのかもしれない。黄昏のなかを二人で歩きながら，ジョーはそんな気がした。

　ジョーの心は，父のたたずんでいたカエデの思い出から，目の前のポプラへ戻ってきた。ジョーの頭上では，ゴジュウカラが虫の潜んでいる穴をつつきながら，枝から幹につたいおりてくるところだった。ほどなく，もう1羽のゴジュウカラがヒマワリの種をくわえたまま舞い降り，種を蓄えておくために樹皮の下に押しこんだ。このとき，ジョーは樹皮に隠されたヒマワリの種を初めて見つけたときの驚きを思い出し，いつだったかヒマワリの種を鳥たちにやったお返しに，この11月の寒い朝に静かに思いを馳せる機会を鳥が与えてくれたのではないか，とぼんやりと考えた。

　ふいに，ガサガサという音がし，ジョーは我に返った。心臓がドキドキし，ライフルを持ち直した。茂みからシカが現れるのではと全神経を研ぎ澄ませた。秋の初めの頃は，ジョーは弓と矢を手にしていたが，途中からライフルに持ちかえてチャンスをねらっていた。その瞬間がやってきたのだろうか？

　今までにも，その大きな牡鹿を幾度も見かけていた。やつはかたときも注意を怠らず，逃げ足も速く，ジョーがその牡鹿を見つける前に，いつもやつの方が気づいた。秋のあいだ，ずっとかくれんぼをしていたようなものだった。ジョーには牡鹿の残したさまざまな痕跡から，やつの動きがわかっていた。つい最近，発情期をひかえ，角を若木にこすりつけて磨いた跡が見つかった。また，通りがかる雌鹿に自分の匂いを残すため，木立の一部に身体をこすりつけた跡も見つかっていた。

　ここ2～3カ月でこの牡鹿のことがかなりわかってきていた。牡鹿は一

頭一頭が異なった特徴を持っている。黄昏どき，ジョーがポプラの木に近づくと，やつが鼻を鳴らすのがしばしば聞こえた。ということは，木に登る前から，牡鹿はジョーがいることに気がついていたということだ。そんな日は，もうその牡鹿が姿を見せることはないとわかっていたが，それでもジョーは木に登った。木の上から木立のなかの小さな原っぱを眺め，耳を澄ましているうちに，きっと何か別のものが見つかるだろうと思っていたからだった。

　今しがたジョーを驚かせた音は，大きなリスが落ち葉を掘り返していただけだとわかった。リスは，数本になってしまったカシの木の上に作っていた巣から降りてきていたのだった。カシの木は，ずっと昔に入植者たちが植えたもので，樹齢100年あまりの木立のなかで，今なお彩りを添えている。

　目の前の小枝に小鳥がとまった。とんがった嘴の上には，派手な黄色の帽子がのっかっている。キクイタダキだ。今までにも，この木にとまっているのを何度も見かけたことがあった。ジョーは3年ものあいだ，この小さな防風林を探検し，そこを棲みかとする鳥のリストを作ってきた。しかし，このキクイタダキにお目にかかるのは，決まってこの古いポプラの上に静かに座っているときだけだった。

　ポプラの上でシカを待っているうちに，ジョーは心の奥深くしまいこまれている無意識の領域にまで旅をしていた。静かに吹く風や流れる時に呪文をかけられ，我を忘れて瞑想にふけった。はじめはシカのことを考えていたのに，いつのまにか，昔訪ねた場所や出会った人たちの思い出に浸っていた。

　それまでのジョーは，日常の雑事にとらわれ心にゆとりを持てなかった。でも，森を眺めながらシカを待つうちに，心が落ち着き満ち足りた気持になってきた。

　こうして瞑想を繰り返すうちに，ジョーの人生観は大きく変わった。ポプラの木の上に座っていると，フラムボー川のほとりのカエデの木立のあいだから「よく耳をすましてごらん」と，父の声が風にのって聞こえてくるような気がした。夜明けの魔法にかかり，過去と未来がとけあい，「今ここ」にいる一瞬が光り輝いてみえた。

EXPLORATION：コットンウッド（ポプラ）の枝に抱かれて

活動マニュアル

目　的：静かに座り，時間をかけて観察することで，ある場所の自然をじっくり探検する。

年齢／人数／場所：渓谷や湖畔の岩，木立など野外ならどこでも大丈夫です。あるいはアリやカエル，ネズミ，サボテンといった自然物に的を絞ってみるのもいいでしょう。こういった探検は，一人きりでおこなうのがもっとも効果的です。小さな子どもの場合，近くで注意深く見守る親や大人が必要かもしれません。

道　具：季節や場所に適した服装さえあれば特に必要なものはありません。

進め方：まず，気持の準備をしましょう。心を鎮め，次のような問いに集中してください。「このあたりで，もっとも関心のある生き物のなかで，一番小さいのは何だろう？　その生き物について知っていることは何だろう？　どうすれば，もっと知ることができるだろう？」とか，「腰を下して，静かに動物を観察するとすれば，どこが良いだろう？　それは，どうして？　何を観察したい？」

　　　　　探検には十分な時間をかけてください。就学前の子どもは15分もじっとしていられないでしょうが，8歳にもなれば1時間ぐらいなら集中していられるでしょう。大人の場合，自然の様子をじっくり調べようとするなら数時間は必要かもしれません。池で釣りをする人も鹿狩りの猟師も肝に命じているのは忍耐なのです。

　　　　　観察する場所や対象を選び，ゆったり座れるところを見つけてください。腰を下ろし，まわりの木，岩，雲などの形や色をじっくり眺めてみてください。木の幹の模様や砂の一粒一粒までじっくり観察してみましょう。待ち続けていれば，キツネや艶やかな色の鳥に出会うかもしれませんし，普段，見慣れているものでも，何か新しい魅力を見つけだすことでしょう。それは忙しい日々の暮らしのなかでポカッとした時を見つけだすような，微妙な発見でしかないかもしれませんが，その一瞬こそが大切なのです。

静かに耳を澄ませば，瞑想に浸れ，気持よい眠りに誘われることでしょう。もし，休息が足りないと感じているようなら，起きあがって歩きまわる衝動に負けるのではなく，あなたが選んだ場所や自然の何かに根気よく向かいあってみることです。集中の繰り返し。そうすることで呼吸は穏やかになり，リラックスしはじめることでしょう。このようなリラックスした状態に一度入れば，物事を見る新しい視点を手にすることができるのです。まわりの人や世界との関わりについてより良くわかり，さらに，あなた自身をも受け入れるようになることでしょう。

　最後に，あなたの探検したことを誰かとわかちあってみてください。子どもたちとも，やったこと，見たもの，感じたことを話しあってみましょう。もし，グループの誰かが，他のメンバーがしなかったような探検をしたときには，見たことや感じたことを必ずわかちあってください。

　また，ソロのような活動をした後には，感じたことを日記に書き留めておくのも良いかもしれません。

アクティビティー：
一つの場所や一つのものをじっくり観察するために

1. 1〜2メートルの紐に沿ってミクロハイクをしてみましょう。まず，どこでもおもしろそうな所に紐を置きます。虫眼鏡を手に持ち，紐に沿って葉っぱの葉脈，花粉，枯ちた木にできた虫の穴のような小さくて複雑なものを見てやろうという気持で出発してみましょう。

2. 根っこのあたりに，気持よく横になれるスペースがある木を見つけ，身体と木が向かいあうように腰を下ろすか横になってみましょう。何が見えるでしょう？　あなたは，その木とどのようなところが似ていますか？　それとも，どのようなところが違うでしょう？　どんな生き物がその木を利用しているでしょう？　木はあなたに何か語りかけていますか？　同じように，湖，絶壁，植物，鳥や動物などでもこの活動をする

ことができます。

3．ピーナッツやインゲン豆，ヒマワリを種から育て，定期的にその成長を記録してみましょう。

4．子どもと一緒にツリーハウスを作り，日の出を見ながら朝食をとってみませんか。そこで見えたもの，聞こえたものをすべて記録しておきましょう。

5．旅行に出かける計画があるようなら，その場所の自然や文化を前もって調べておいたり，その地域を舞台としている小説を読んでみるのもいいでしょう（例：ローラ・インガルス・ワイルダー著『大草原の小さな家』）。

6．ネイチャー・コンサベンシーや希少性の高い自然生態系の保護に貢献している自然保護団体の会員になり，会が主催するハイキングに参加してみましょう。

7．四季を通して，また数年にわたって同じ場所の写真を撮ってみましょう。

8．テープレコーダーを使って夜の音を録音し，耳をすまして聞いてみましょう。カエル，フクロウ，虫などの声が聞き分けられますか？　また，生き物同士がどのような会話をしているのか推理してみてください。あなたの推理を確かめ，正しい答えを説明してくれるナチュラリストを訪ねてみましょう。

9．ちょっとした時間を見つけて，あなたの飼っている犬や猫の動きをまねてみましょう。でも，常識の範囲内で。まさか，キャットフードを食べようとはしないように。

10．登らせてくれそうな火の見櫓を見つけ，登ってみましょう。必要なら許可を取り，安全にはくれぐれも注意してください。鳥のように，上空から世界を見ることができますよ。

11. 春一番の雨や，鳥の渡り，初めて芽を出した緑，カエルやコオロギのおしゃべり，秋の紅葉の色の変化など，あなたのまわりで見られる四季の自然の変化をノートに記録してみましょう。

12. 湖に小さな石を投げ，何度もそれを拾いに潜っているうちに，水の中の世界に魅せられることでしょう。

知っていましたか？：
同じ所にじっとしていても探検はできるのです。

　アルド・レオポルドはとりわけ優秀な「同じ所」の探検家でした。ナチュラリストとしてのレオポルドは，ウィスコンシン川沿いの農場で味わったコガラのさえずり，カエルの鳴き声，カシの葉が風にそよぐ音といった何の変哲もない自然の不思議に心を奪われました。
　レオポルドはウィスコンシン州中部の砂原にある自分の隠れ家をこよなく愛していました。週末には家族と一緒に川辺の土手を探検したり，浸食された丘の斜面を歩いたり，背丈ほどもある沼地の草をかき分けて歩きまわったりしました。風の強い11月のある日には，南へ向かうガンの太古から変わりないリズミックな歌声を耳にしようとしました。

　　雲の彼方から，私は遠くで犬が吠えているようなかすかな声を聞いた。世界中の誰もが耳を疑いたくなるような奇妙な音だった。よく耳を澄ましてみた。だんだんと声は大きくなってきた。ガンの鳴き声だ。姿は見えないが近づいてきている。
　　低くたれ込めた雲から群が姿を見せた。ぼろぼろに裂けた旗のように見える鳥の群。下がったり，上がったり，広がったり，小さくなったり，ひとかたまりになったり，ちりぢりになったり，それでも目指すところに向かって進んでいる。一つひとつの風を吟味しながら，優しく風とたわむれながら。

レオポルドは著書『砂原の歳時記』のなかで，この特別な場所の美しさや季節のうつろいを描きました。「掘っ立て小屋」で過ごした数年間，彼は秋風に耳を傾け，冬のブリザードに震え，春には花の香りに心を躍らせました。また，コガラが木の実を探しまわり，キツネが雷鳥を捕らえるところをも目にしたようです。彼は注意深く自然を見つめ，調和のとれた自然の法則を学びとりました。レオポルドはあたり一帯に広がる草原や湿地，森をあますところなく探検しながら，考え，思いをめぐらし，気づきを得るための時間を意識して持つようにしていました。この『砂原の歳時記』のなかでは，洞察したことや学んだ教訓を語りかけています。

　ユーモアも人格も兼ね備えていない殺し屋のように，天候はコガラの息のねを止めてしまうように思われる。私が察するには，コガラの日曜学校では「なんじ，冬には風の強い場所に出るべからず」「なんじ，ブリザードの来る前に水に濡れるべからず」といった２つの教訓が教えられていることだろう。

　今日，レオポルドは自然保護活動と環境倫理の分野における先駆者とされています。先見の明を持ったナチュラリストとしての歩みは幼い頃にさかのぼります。幼年時代の日々は，アイオワ州を流れるミシシッピー川の淀みでの探検に時間を忘れ，父の大好きだった狩りと自然のなかへの探検を共にしました。ニューメキシコ州にあるガイラ国有林の林務官時代，森林の育成と捕食動物の管理に関する自分自身の持論を生態学にかなったものに発展させました。レオポルドは科学的な野生生物管理のパイオニアであり，教科書をも執筆しています。原生自然の保護者として，彼は既成の概念に挑んだのです。

　生涯を通じて，レオポルドは注意深い観察者として，慎重に観察を続け，見たものを記録してゆきました。ウィスコンシン川のほとりを散歩しながら，この地球がその美しさを取り戻す方法についても思いを馳せました。レオポルドは，この川辺で長年にわたる探検の成果をまとめあげ，人類と地球についての新しい理論を構築したのです。

　われわれは大地を，われわれが所有する私物のように乱暴に扱っている。われわれは，大地をわれわれが所属する運命共同体の一部だと見れば，わ

れわれは愛と尊厳を持って接しはじめることだろう。大地が運命共同体だということは生態学的にも基本的で重要な概念である。しかし，大地を愛し，尊ぶべきものだという考えは，道徳的な問題でもある。

> カエルの鳴き声，カシの葉が風にそよぐ音といった何の変哲もない自然の不思議。

> レオポルドは，この地球がその美しさを取り戻す方法についても思いを馳せました。

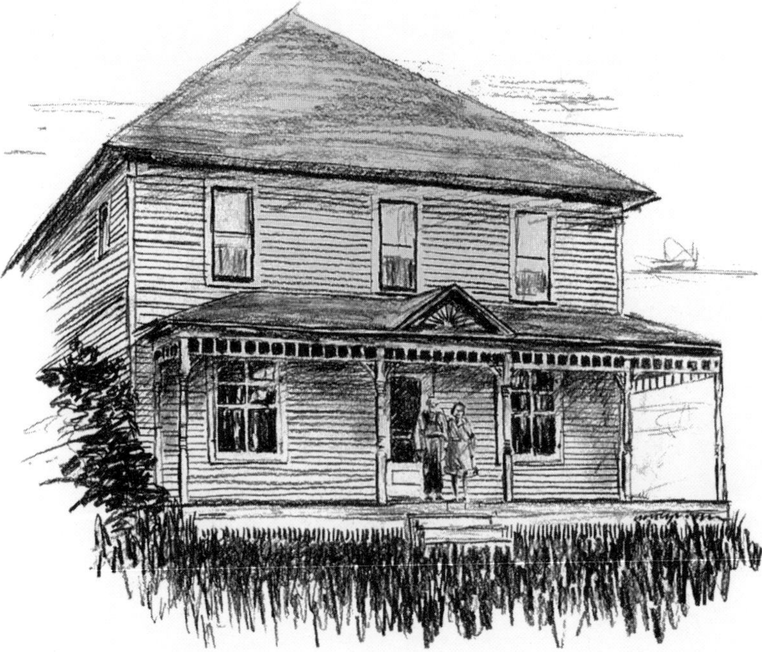

探　検

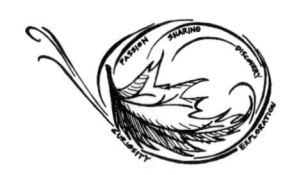

家族の伝統や
自然との
関わりを
調べる

7. 過去を知る旅

　一昔前の風景やライフスタイルは，聞き取りや写真によって調べることができます。おじいちゃんやおばあちゃん，親戚のおじさんやその土地に古くから住んでいる人たちを訪ねることは，その土地のことを知るのに非常によい方法です。特に，昔の写真アルバムは簡単に私たちを昔に連れ戻してくれます。
　このお話はジョーのひいおじいちゃん夫婦が自作農として与えられた土地に入植したウィスコンシン中部の農家とジョーとの関係を描いたもので，4世代にわたる家族の絆を知ることができます。
　さあ，あなたも家族のルーツや地域との結びつきを発見する探検の旅に出かけてみましょう。

おはなし：過去を知る旅

　車の中に，刈られたばかりの干し草の甘い匂いが漂ってきた。ジョーは，その匂いを鼻にし，幼い頃，車に乗せられて祖父母の農場へ遊びに来たときのことを思い出した。
　道はウィスコンシン川沿いにくねくねと曲がりながらマツやカシの木のあいだを抜け，牧草地やとうもろこし畑に向かって北に方向を変えた。大きな赤い家畜小屋や白い家が緑の牧草地や黄色く実った麦との鮮やかなコントラストを見せ，黒白まだらや茶色の牛たちが点々とちらばっていた。
　日曜の午後になると，家族そろって古いダッジに乗りこみ，祖母の家へ向かったことが忘れられない。ジョーは「峠の我が家」を唄うのが大好きだった。5歳だったジョーは，想像力をフルに使って，道端に見かける牛を歌に出てくるシカやアンテロープだと思うことにしていた。家族で歌を唄っていると1時間の道のりも退屈しなかった。すごく楽しい日曜日だった。いとこ遊んだり，おじちゃんたちの話を聞いたり，おばあちゃんの作ったクッキーやパイを食べたり，暖炉のそばのロッキングチェアーでくつろいでいるおじいちゃんの膝の上に座らせてもらったり……。とりわけ，庭や牧場にポルカやダンスミュージックが流れてくる夕方が好きだった。いとこたちとかくれんぼをしたり，星空を眺めたり，草刈りの終わったばかりの牧草地の上を飛びまわるホタルを追いかけたりした。
　ジョーはふと我に返り，ハンドルを握り直した。3歳になる息子のフォレストに向かってジョーの母親が子守歌を口ずさんでいるのが聞こえてきた。ジョーと母親は，作物の植えつけや収穫のこと，子どもの誕生，結婚，死といった，一族がウィスコンシンの大地と共に過ごした100年の歳月のあいだにおこったさまざまな出来事を話題にしゃべっていた。ジョーには今もなお祖母が家族を暖かく見守っていてくれていることがありがたかった。この夏，皆で祖母の90歳の誕生日を祝うことにしていた。祖母は小さく，頼りなげだが，一族の者たちとこの土地とを結びつけ，一族の歴史

を語ってくれる，かけがえのない存在だった。ジョーは，母や妻と息子とで祖母の家を訪ね，この素晴らしい家族の財産を共に受け継げることに喜びを感じていた。

　ポーチの階段を上がるとき，ジョーは祖母の植えたピンクのバラが咲いているのに気づいた。皆は立ち止まり，しばらくその香りを楽しんだ。窓ごしに，コンロの横で夕食の支度をしている祖母の姿が見えた。祖母は，キスをしたり，抱きしめたりして，4人を歓迎してくれ，昔ながらのクッキーとコーヒーを出してくれた。この家らしい，それでいてこの小さな町らしい，温かいもてなしだ。

　ジョーが壁に掛かっている宗教画や写真を眺めていると，ザワークラウトの匂いが漂ってきた。

　10年前に亡くなった祖父の写真を見ているうちに，子どもの頃の夏休みの記憶がよみがえってきた。日々の農場の手伝いの他に，一族が眠るドイツ系移民の共同墓地の草刈りの手伝いに行ったことがあった。墓石にはドイツやスイスにある出生地の地名が刻まれていた。長い柄のついた鎌を振り回し，シュッシュッと草を刈る祖父を見ながら，ジョーはスイスアルプスでの生活に思いを馳せた。墓地のまわりに広がる農地は，ウィスコンシンの森や沼地を切り開き，スイスの風景を思い起こさせるような緑豊かな牧場に変えていくまでの1世紀にわたる祖先の人たちの苦労を物語っていた。

　祖母，母，妻の3人が夕食の準備をしているあいだ，ジョーはフォレストに広い家の中を案内することにした。ジョーは子どもの頃，屋根裏部屋に続く，はしごみたいな階段が大好きで，その上でよく遊んだものだった。

　ジョーとフォレストが階段を登ると，木のきしむ音がした。ジョーは途中で立ち止まり，壁に貼ってあった古びた写真をのぞき込んだ。そこには，建て終わったばかりの家を眺めながら，ドイツビールを手にくつろいでいる4人兄弟の姿と，長くて真っ白なポーチを備えた真新しい立派な家が写っていた。

　「フォレスト，この人が父さんのおじいちゃんだよ。」ジョーはポーチの手すりに寄り掛かる若者を指した。「フォレストのひいおじいちゃんだ。ひいおじいちゃんは兄弟といっしょに，父さんを手伝って，今のこのお家

を建てたんだよ。おばあちゃんが教えてくれたんだけど，この階段は父さんのおじいちゃんと大おじさんのジョーが二人で作ったそうだ。この家の木はどれも，二人で切り倒した１本のシロマツの大木から作ったらしい。後で，その木の写真を見せてあげよう。皆がここにやって来た頃は，あたりには大きな木がたくさん生えていたんだ。みんなで木を切り倒し，ここを農場にしたんだ。」

　フォレストはみがき上げられた手すりのあいだからのぞいていたが，突然，階段をいきおいよく駆け上がり，長い廊下を走っていってしまった。ジョーはいくつもの部屋をのぞき込み，やっとフォレストを見つけた。

　「ここは父さんが子どもの頃，夏休みに使っていた部屋なんだ。」そう言いながら，フォレストを窓際に連れていった。家の前の庭には２〜３本の木が生えていて，日陰を作っていたように記憶していたが，その木が大きくなっているのに驚いた。50年前に植えられてから，変わらず冬の強い風から家を守り続けてきたのだ。今では，古くなった家を枝が取り囲み，ジョーがよく遊んだポンプ小屋や大きな納屋も枝に遮られて見えなくなっていた。

　フォレストは寝室の床に腹這いになり，開いたままになっている通風口を夢中になってのぞき込んでいた。ジョーも息子の横にひざまずき下をのぞいた。

　「見てごらん，フォレスト。あそこで，ひいおばあちゃんが晩御飯の用意をしているだろ。ひいおばあちゃんは，もう100年近くも毎晩こうしてるんだ。おいしそうな匂いがしてきたじゃないか。」

　ローストビーフとザワークラウトのいい香りが，コンロの暖かい空気に乗って通風口から漂ってきた。

　ジョーは目を閉じ，昔の情景を思い出した。大柄で粗末な服を着た農夫たちが，髪の毛に麦のもみがらをくっつけたまま，ぎっしりと食堂に集まっている。真昼の一番暑い時間は，近所の人が皆集まってひと休みするのだ。男たちはドイツビールを飲みながら，楽しげに食事をしている。奥さんたちは暑い台所で協力しあって，大きくて真っ黒なコンロでチキンや肉団子，ジャガイモやパイなどの料理を作っている。荷車の上には黄金色の麦の束が山のように高く積み上げられている。その上に男がまたがり，麦

の束を巨大な脱穀機にぽんぽん投げ込んでいく。脱穀機はガタガタと大きな音をたてながら，麦の束をかみ砕き，吹雪のように黄色い藁くずをまきあげ，黄金の麦粒をどっと吐き出している。

　ジョーはフォレストが通風口に小銭を落としたのに気づき，「父さんも小さいとき，同じことをしてしまったよ」と笑った。

　二人は広い廊下に戻った。ジョーは，別の部屋のドアをゆっくりと開けながら，置きっぱなしにされている古道具特有の匂いを感じた。長いあいだ使われていないが，大切なものばかりだ。ジョーが40年近く前，初めてこの部屋を見つけたときとまったく同じ匂いだ。ジョーはフォレストを抱きあげ，そっと中に入った。部屋の角には，ヒッコリーの木で作られた長いスキー板とほこりだらけの猟銃が立てかけてあり，まるで，過去に置き去りにされた形見を見張っているように見えた。ここは，祖先たちの魂が集う場所で，祖母はその管理人なのだ。これらの遺品を大事に守り，1800年代のなかばに移民としてやって来た家族の思い出を鮮やかなままに保ってくれる守り神にジョーは感謝した。

　古いつづれ織りのカーテンの下に，特別な宝物が置かれていた。それは，曾祖父がアメリカにやって来た記念として残されている角張ったトランクだった。トランクに刻まれた地名は，スイスのアルプス地方からウィスコンシンのオーブンデールの森や農場にいたるまでの道のりを今に伝えている。

　ジョーは覆いをのけて，ゆっくりと蓋を持ちあげた。中には，過ぎ去った時が残していった聖なる形見が眠っていた。ドイツ語の聖書を手に取ったとき，恵みの雨と豊作を，そして子どもたちの幸せを願って，祖母がドイツ語で神に祈りを捧げているのが聞こえるような気がした。聖書の横には，刺繍やレースで豪華に飾られた布地が置かれていた。ジョーの曾祖母の手になる刺繍には，ピンクのバラの図柄がところどころに刺してあった。それは，祖母が好んで刺繍にしたり，庭に植えたりしているのと同じ花だ。この10年間，祖母は77人の孫一人ひとりのために，愛情を込めて，刺繍で飾った枕カバーを作り続けてきた。ジョーのために作られた枕カバーは別のトランクにしまってあった。そのトランクには彼の生い立ちを語り，彼と先祖との結びつきを示す宝物がいっぱい詰まっていた。

フォレストがトランクに手を伸ばし，1枚の写真を取り出した。それを，裏返してから，ジョーに手渡した。現像したてのようにピンとした写真を二人でしげしげと眺めてみた。さっき壁にはってあったのと同じ写真だったが，少し小さかった。それは，ジョーの大おじにあたるジョーが撮ったもので，他にも，一族の姿や伐採風景，農場や地域の行事など，彼が1800年代後半に撮影した写真が何百枚も残っていた。

　ギーとドアの開く音がし，埃だらけの床をコツコツと踏む靴音が聞こえた。ジョーの母親だった。彼女はジョーと一緒にその写真を見てから，ポーチの手すりに寄り掛かる男の人を指さし，フォレストに見せた。「これはおばあちゃんのお父さんで，あなたのひいおじいちゃんなの。ひいおじいちゃんはお父さんやお父さんの兄弟のお手伝いをして，このお家を建てたのよ。」

　次に，二人の木こりが巨大な松の木の幹の真ん中までノコギリを食いこませている写真を見せた。「これがおばあちゃんのおじいちゃんとジョーおじさん。この家を建てるために二人はこの木を切り倒したんだよ。」フォレストが，また別の写真をつまみ上げて，おばあちゃんに渡した。かつてジョーが聞かされた一昔前の世代の物語が，今ふたたび，新しい世代のフォレストに語られている。

　ジョーは，階下にいる祖母のことを考えていた。森が木を生み，その木が家となり，大地が家族を支えるということを，幼いジョーに初めて教えてくれたのは祖母だった。

　松の木の階段に響く足音に，3人は我に返った。「下りておいで，ごはんだよ。ザワークラウトが冷めてしまうじゃないか。」祖母のドイツ語なまりの声が響いた。「昔の写真を持っていらっしゃい。夕食の後でみんなで見ましょう。」

活動マニュアル

　目　的：お話や写真を使って，あなたの家族の昔の習慣や自然とのつながりを調べます。

年齢／人数／場所：ご家族の誰とでもできますが，特に必要なのは，お年寄りの記憶や昔の写真や記録です。知りあいのお年寄から写真に写っている場所や昔の出来事を聞くことができれば，さらに話題はふくらむことでしょう。

道　具：まず必要なのは，聞き取りをする時間と聴いている忍耐力です。ノート，テープレコーダー，カメラ等があれば昔の出来事の記録に役立つことでしょう。

進め方：自分の家族から始めてみましょう。家族のなかの一番おとしをめしている方から，子どもの頃にどこかへ出かけたり，誰かを訪ねたりしたときの思い出を話してもらってください。「子どもの頃の旅行で一番思い出に残っているのは？」「どのような交通手段を使って旅行したの？」「旅に出かけた土地はどうだった？」「どんなことをしていたの？」「どのような人を訪ねたの？」といった具合です。

　親戚のお年寄りにも聞いてみましょう。「子どもの頃に住んでいたところ」や「その頃，そこはまだ田舎だったの？」，それとも「もう都会になっていたの？」とか，「どこの学校に行っていたの？」とか，「登校する前や下校してから何をしていたの？」といったように，子どもの頃の暮らしを尋ねてみましょう。

　さらに，年毎に周囲の環境がどのように変わっていったのかとか，農業や産業や商業活動が環境にどのような影響を与えていったのかといったような質問もしてみましょう。また，家族はどのような仕事をしていたのかとか，環境の変化にどのように関わっていたのかといった話もしてみましょう。

　アルバムがあるとさらに話がはずむでしょう。写真を見るときは人物だけではなく，まわりに写っている自然環境やライフスタイルにも注意してください。できることなら屋根裏や納屋や庭に行き，家財道具や思い出話をしてもらいましょう。

　家族のあいだで手紙を書いたり，スクラップブックを作ったり，その時代の出来事アルバムを作ってみましょう。家族の誰かから学んだことや楽しかった出来事なども忘れずに。また，誰かと一緒に撮った写真や手紙にも目を通してみてください。こういった手紙や

アルバムは，いずれ家の宝物になるかもしれませんね。

アクティビティー：あなたのルーツを探す

1．あなたが住んでいる地域の歴史を書いてみましょう。土地はどのように利用されていたのでしょう。この土地に生えていた植物や生息していた動物の種類や，誰がそれを食べていたのかも書き添えてみてください。

2．家のまわりに，子どもの頃に植えられていたリンゴや実の生る木を接ぎ木を使って育ててみましょう。

3．年輪や切り口がわかるような木っ端を手に入れ，年輪を数えてその木の年齢を知りましょう。紙にその木の一生のタイムライン（1本の線に年齢の印をつけておく）を引き，その木とあなたの家族の歴史を比べてみましょう。

4．あなたの先祖やあなたの地域でおこなっていたような方法で夏至やその他の特別な日を祝ってみましょう。

5．地域で古くから営んでいる植木屋さんを探しだし，いつ頃木が植えられたのかを尋ねてみましょう。

6．古くからある家や公園や学校の写真を探しだし，そのなかに写っている草や木を調べてみましょう。また，その場所が今までにどのように変わってきたのかを記録してみましょう。

7．曾祖父の時代の道具を使い，小さな小屋や籠や椅子等を作ってみましょう。

8．移民を決断せざるをえなかった当時の土地の利用（農場経営や林業や漁業）にテーマを絞り，あなたの家族が移民として旅した状況を調べてみ

ましょう。

9. 祖父母や近所のお年寄りと一緒に，その人たちが若かったときのお気に入りの場所（公園や釣りをした川や植林地）を訪ねてみましょう。どうしてそこがお気に入りなのかとか，そこで何をしたのかといったことを話題に話をしてみてください。

10. あなたの子孫に向けて，あなたが美しいと感じるものについての手紙を書いてみましょう。そして子どもたちとあなたが次の世代に伝えたいものについて話しあってみてください。

知っていましたか？：アメリカ人はルーツ探しが好きです

　1966年，ジョージア州北東部アパラチア山地にある高校の国語教師は，生徒たちが地元の人から聞き取ってきた記事を掲載する年4回発行の雑誌の企画に関わり，祖父母や年配の人にインタビューをおこなうことにしました。十二宮に従う種蒔きの方法や皮のなめし方，糸つむぎや機の織り方といったすでに忘れられてしまった技術をテープレコーダーやカメラで記録してゆきました。そして，エリオット・ウィギントン先生の勧めと指導により『フォックスファイヤー』という本に仕上げたのです。
　初めの数年間，このプロジェクトは規模が小さく，多くの人に知られるようなものではありませんでした。しかしその後，このタイトル通りの「暗闇で光るキノコ」といったように，多くの人の心のなかに明かりを灯すことになりました。全部で8冊にもなったこのシリーズは，世代を通して語り継がれる情報を多くの人が望んでいるのだということに気づかせてくれました。この本は農村のライフスタイルや大地と共に暮らす方法を探し求めていたり，私たちの先人の教えを実行することに興味を持っている国中の人たちの反響を巻き起こしました。
　会話による伝承というものは次の世代に何かを伝える一つの方法です。昔はこの方法が技術やコミュニティーの価値観やライフスタイルを伝える一般的な方法だった北米先住民や移民たちも，子どもと一緒に仕事をしながら多

くのことを伝えてきました。両親や祖父母は，子どもたちに大地と共に暮らす方法を教えましたし，コミュニティーではメイプルシロップ作りや種蒔き，収穫，感謝祭といった季節の行事に人々が集まりました。

　「フォックスファイヤー」プロジェクトは，口承伝承を復権させたのです。生徒たちはお年寄りから話を聞いたり技術を学ぶために農村地帯をくまなく歩きまわり，文化や技術についての民間伝承に一般の人たちを振り向かせました。謎解きやゲーム，通行の儀式，地球への感謝，天気の見方，薬草，建築，伝説，食べ物の保存方法，農業技術や道具等が，農村地帯や町，地域の探検によって一般の人々に紹介されたのです。

　子どもたちは祖父母やお年寄りに自然と引き寄せられてゆきました。彼らは体験したことや知識を学ぶだけではなく，一緒になって話してくれる忍耐力も知ったようです。このような伝統的な学びのプロセスに参加する人たちは，自分たちがさらに大きな時間の流れの一部分にいることに気づかされもしたのです。

　　　世代を通して語り継がれる情報を多くの人が望んでいるんだということに気づかせてくれました。

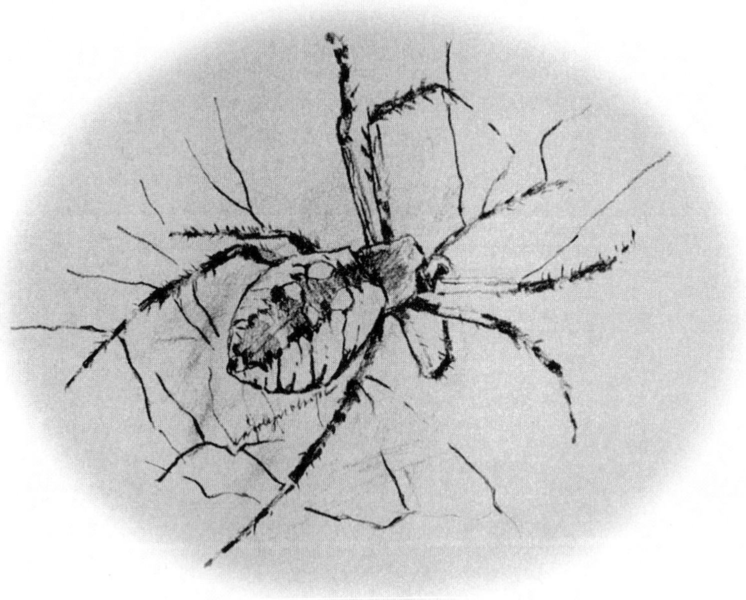

発　見

　貴重な発見はされ尽くしてしまったんだとか，今までにおこなわれたことのないチャレンジなんてもはや存在しないとか，試練に満ちた未開拓の分野や新しい発明なんてなくなってしまったよといった態度にでくわしたことはありませんか？　これはまさに，不思議に満ちた私たちの世界に対する無関心と無気力といった態度そのものです。

　私たちは探検に終わりはないと信じています。無数の発見がまだ残されているのです。発見はどんな時にも，どんな所ででもできます。その多くは，自然界を活動的に探検している人たちによってもたらされているのです。

　もう忘れてしまったかもわかりませんが，生物の時間にクモの卵の孵化について学んだことがあるでしょう。でも，ドキドキしながらその場面を見るまではピンと来なかったのではないですか。心からわかったと思えた瞬間，それまでの体験やアイディアと，知識とが結びつき，皆さん自身の世界が広がるのです。

　発見というのは，探検しているうちに自然と得られるものですが，心からわかったと思えた瞬間，探検と発見が区別されるのです。発見というのはどのようなものであれ，個人の成長の一助となるような影響を与えます。皆さんは，発見や気づきによって成長してきたともいえるでしょう。発見はあなた自身を形成し，成長や変化をさせ，新たな世界に視野を広げさせてくれるのです。

　発見の瞬間，私たちはより高い次元，より広い視野を手に入れます。湖に沈む雄大な夕日は，広大な宇宙をも想像させてくれることでしょうし，今しがた生まれたばかりの子鹿は，どんな生き物も，一つひとつが個性を持ちつつ，互いにつながりあっていることに気づかせてくれることでしょう。

　発見は「わかちあい」への強烈な衝動でもあります。個人と文化，個人と世代をつなぐ架け橋というものは，発見したものを「わかちあい」，共感することで養われてきました。ぜひ，あなた方の発見を誰かとわかちあってみてください。そうすることによって，あなた自身の〈センス・オブ・ワンダー〉を持続するだけではなく，あなたと多くの友人との関係が，あたかもクモの巣が張り巡らされるようにつながっていくことと信じています。

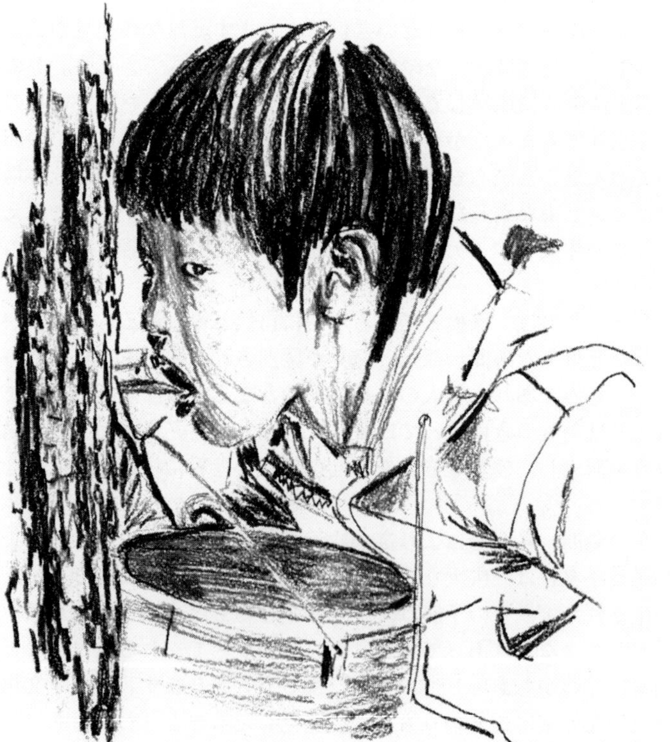

発　見

四季の変化の
不思議に
気づく

8. 春の甘いめぐみ

　雪解けが始まり，春の新しい生命が芽吹く季節，朝日も6時前には昇るようになり，北国の人たちが待ちに待った春。
　メイプルシロップ作りに最適の季節がやってきました。3月の中頃，夜は氷点下にまで下がった気温も，日中には5～10度まで上がり，この何ともいえない甘い樹液があふれ出しはじめるのです。
　ここで紹介している方法を身につければ，きっと早春のこの時期を楽しく，不思議な気持で過ごすことができるでしょう。この活動はある一つの技術の理解の仕方や，家族を連れだす手法の譬えとしてお読みください。

おはなし：春の甘いめぐみ

　「母さん，見てー！」みっつになるサリーが大きな声で呼びかけた。
　サリーは，細いカエデの木にぶつかりそうになりながら，お尻でちょっとした斜面を滑ってみせ，6歳のお兄ちゃんにぶつかり，やっと止まった。
　二人とも大きな声で笑いころげ，「母さんもやってみてよ」とアンを誘った。
　バケツと栓をひざの上にかかえ，アンも二人の所へ滑り降りた。でも，デイブはハンドドリルとハンマーを手にしていたので，凍った道を慎重に，一歩一歩踏みしめながら降りるしかなかった。この家族は，家から道を隔てたところに広がる1エーカーほどの，一家が「蜜の森」と呼んでいる林にやって来ていた。
　「この木，わたしの！」とサリーが言うと，ブライアンは自信ありげに口をはさんだ。「これはカエデじゃないよ。母さんがカエデの木には印をつけておいたはずだよ。カエデの木じゃないとシロップは採れないんだから。」
　「そうでもないんだ，ブライアン。カエデの木じゃなくてもシロップは採れるけれど，カエデほどよく出ないだけなんだ。この森には何種類ぐらいの木があると思う？」とデイブは問いかけた。
　ブライアンとサリーは，すぐさまシラカバの木を指さし，名前を言いあてた。デイブはそのほかに，ポプラやカシやサクラを指さした。
　1時間あまりの間に，一家は8本のカエデに栓を打ちつけた。もちろん，ブライアンもそのうちの1本に穴をあけるのをちょっと手伝った。サリーは栓から流れ落ちる甘くて透明な樹液の味見係を引き受けた。
　セットが終われば，後は探検の時間だ。ほどなく，4人は根元に大きな穴のあいている木の前まできた。子どもたちが中で立てるほど穴は大きい。
　アンは中に入って上を見上げてみた。「見て，明かりが見えるわ！　あの大きな枝の横にある穴の所まで空洞になっているみたい。」

「樹液はまだ出るだろうか？」デイブが尋ねると，3人とも「出ない」とそろって答えた。
「そうとは限らないみたいだよ。枝の先に芽が出ているのが見えるかい？」
子どもたちは目を凝らし，後ずさりしながら芽の出ている枝を発見した。生きている木は，すべて春になると枝の先まで樹液を送りだす。樹液は葉が成長するための栄養になるのです。
「この穴を棲みかにしているやつっているのかな？」
「熊！」とブライアンが答えた。
「そうかもしれないね。他にいないだろうか？」デイブは続けた。
話題についていこうと，サリーが「リス！」と答えた。
「よく気がついたじゃないサリー。じゃ，もっと大きいやつだとしたら？」とアン。
「もうわかんないや。教えてよ」とブライアン。
「今まで，この穴のことを注意していなかったから確かじゃないけど，アライグマじゃないかな。足跡や毛が見つかるかもしれないわよ？」とアンが言った。
アライグマだという証拠を見つけることはできなかったが，そのかわりにネズミのちっちゃな足跡を見つけた。
日によって，「蜜の森」へのハイキングは辛く，苦しかった。雪解けでぬかるみができる頃，スキーパンツはピチャピチャになるし，歩くのは大変だった。また，どんよりとした曇り空の下，雪のなかを寒さをこらえて歩かなければならないときには，バケツに何杯もシロップが採れたとしても割に合わなかった。もっとひどいときには，バケツが風に吹き飛ばされ，大事な樹液がこぼれていることもあった。
でも，心に残る忘れられない思い出の日々もたくさんあった。デイブは朝早く仕事に出かけてしまい，ブライアンは家の中で楽しそうに遊んでいたので，アンとサリーの二人きりで小さなバケツとコップを持って出かけたことがあった。
「このコップで余ったシロップを飲んでもいいよ」とアンが言ってくれた。

1つ目のバケツは今にもあふれそうだった。アンはサリーの前で２リットル入りのプラスチック容器に樹液を移しかえてから，コップに汲みとって，サリーに飲ませてやった。
　また，ある朝には，樹液の出が少なく，穴を開け直さなければならないこともあった。
　「母さん，穴を開けたら木が痛がるんじゃない？」とブライアンが尋ねた。
　「どう思う？」
　「うん，痛いと思う。」
　「必要な穴だけにしておこうね。ほら，栓を打ちこんでる木にも，ちゃんとかわいい葉っぱがついてるでしょ。」
　「うん。」
　「だから，私たちが樹液を全部採ってしまったのじゃなくて，葉っぱが生えてくるのに十分な量が残っているってことなの。この木の傷を見てごらん。」アンは穴を開けながら，その木を指さして言った。
　ブライアンはそっと近づき，アンが指さしているところに丸い穴があるのを見つけ，間違いないというように言った。
　「去年，栓を打ち込んだところだ。」
　「そう。人間が腕をちょっと切ってしまったときにできるかさぶたみたいに，この木の傷もまだ痛そうに見える？」
　「ううん。」
　「ブライアンがこの木の気持を思ってくれて本当にうれしいわ。木は，私たちに食べ物を与えてくれるから，そのお礼に，私たちは木に感謝して，大切にしなければね。」

活動マニュアル

目　的：樹液の採集とメイプルシロップ作り。それに，早春の不思議を発見する。

年齢／人数／場所：誰にでもやってみることができます。ここでは家族を対象として書いてみました。米国北部一帯のカエデの森のあるところならどこでもできます。

　　（注）日本でもイタヤカエデの木で樹液を採り，シロップにすることができます。また，市販されている白樺の樹液からもほんのわずかですがシロップを作ることができますよ。

道　具：アイスクリームの大きな容器かミルク用のプラスチックの容器。8分の5インチの歯がついたハンドドリル，ハンマー，導栓（樹液採集用の口），針金。

進め方：カエデの木を見つけるには，冬の終わりよりも秋の方がはるかに簡単です。地図にシロップを採るカエデの位置の印を書きこみ，木にはマークをつけておきます。カエデの木を所有していなくてもあきらめないでください。たいがいの人は快く木を使わせてくれることでしょう。また，カエデ以外にもシラカバやニワトコの木でも樹液が採れますし，もちろんシロップにすることができます。なかなかいい味です。

　　採集には特別な道具が必要です。3月にもなれば，目当ての木に見合うだけの数のアイスクリーム容器かミルク容器を用意してください。初めての場合には，5～6本の木ぐらいがちょうどよいでしょう。「やった！」とよろこべるだけのシロップが手に入るでしょうし，煮詰めるのにもそれほど長い時間がかかりません。木に差しこむ栓は金物屋か種苗店で1ドル以下で売っています。それとも，ローラ・インガルス・ワイルダー著の『大きな森の小さな家』のメイプルシロップ作りの章を参考に，ウルシの枝で手作りの栓に挑戦してみてください。

　　冬から春へのきざしを毎日記録しておいてください。新芽の膨らみ，雪解け，小さくなっていくツララ，自転車に乗りだす子どもたち，帰ってくる渡り鳥，といったことのすべてがシロップ採集が近づいたことの目安となります。

　　夜には氷点下まで下がる気温も，日中には摂氏4～10度まで上が

る頃，樹液を採る時期の到来です。浅い穴でも，量こそは多く採れませんが，良質の樹液を手にすることができます。8センチ以上も穴を深く開けてしまうと木への影響が心配です。穴の開け方のコツは，樹液が滴り落ちるようなわずかな傾斜をつけてやることです。

　毎日，木を見に行ってください。うまく樹液が出だすと，1本の木から一日に4リットル以上も採ることができます。樹液採集のついでに，そのまわりの探検もしてみましょう。

　森から帰ると，清潔な木綿の布で濾しながら大きな容器に移し換えます。できるだけ，煮つめる作業を早く始めてください。というのも，屋外の冷えたところでは一週間は大丈夫ですが，室内では2～3日でかびが生えてしまいます。

　樹液の90～99パーセントが水分です。メイプルシロップを作るには，水分のほとんどを蒸発させなければなりません。家の外で，薪やキャンプ用のコンロを使って煮詰めていけば，家の中に湿気がこもらずにお勧めです。でも，家の中でも工夫次第で大丈夫です。それぞれの木の糖分濃度にもよりますが，80～160リットルの樹液から4リットルのシロップを採ることができるでしょう。ともかく，長時間煮詰めなければならないということです（注意：沸騰している樹液から目を離さないこと。煮詰めすぎてしまうと取り返しがつかなくなってしまいます）。

　どこまで煮詰めればシロップになるのでしょう？　どうしてそれを見極めましょうか？　慎重にシロップ作りをする人には，液体比重計を使ってシロップの糖分濃度を計るという方法が簡単です。でも，初めての人は，ゼリー状になってきたシロップを金属製のスプーンからお皿に垂らし，2度目に垂らした液が結晶すれば完成といった「ゼリーテスト」の方がわかりやすいかもしれません。煮詰めたシロップを羊毛のフェルトで濾すと，さらに不純物を取り除くことができますし，きれいなシロップに仕上がります。

　仕上げは簡単です。殺菌しておいた瓶の中に煮詰めたシロップを移し入れ，蓋をして，冷めたら冷蔵庫に入れておいてください。

　出来上がった製品は，市販されているシロップと少し違っているかもわかりません。本物のメイプルシロップは，樹液の質によって色も濃度も違ったものに仕上がります。濃厚で，濃い茶色のものか

ら，薄くて，金色のものまでいろいろです。味？　まあ，なめてみればわかるでしょう。ホットケーキの朝食に近所の方々を招待してあげてください。また，クリスマスプレゼントにもよろこばれます。バーバラ・M・ウォーカー著の『大草原の小さな家の料理の本』のレシピも一度試してみてください。

アクティビティー：あなたの地域をもっと知る

1. 庭やコミュニティー・ガーデンの一画に，果物やベリー（ラズベリー，ストロベリー，スグリ等）のなる木を植えてみましょう。手作りのジャムを作ったり，パイに使える果物を収穫したり，クッキーに果肉ペーストやフルーツの皮をのせて楽しんでみてください。

2. ナチュラリストと一緒に食用になる植物を探しに出かけ，食事に必要な食材を集めてみましょう。あなたが作った竿や針で魚を釣り，デザート用にベリーを集め，飲物にはレモネードやハーブティーを，メインの料理にはイモ類やグリーンサラダを見つけてみてください。

3. アメリカ開拓民の手工芸の技術を学んでみましょう。籠細工，敷物作り，キルティング，皮のなめし方や皮細工，ロープの作り方やより方，石鹸やキャンドル作り。お友だちや子どもたちにその技術を教えてあげてください。できあがった作品はきっと素晴らしいプレゼントになりますよ。

4. 寄集めを使って小屋を建ててみましょう。枯れた木や植物だけで作ってみるのです。まず，岩や木に寄りかかるように，あなたの背丈ほどもある棟木を立てかけ，枝や木切れを使って骨組みを作ります。落ち葉で屋根を葺けば出来上がり。

5. 松ぼっくりを拾い集め，種を取りだし，乾かしてから植えてみましょう。戸外に移す前に，大きな植木鉢に苗木を移植するとうまくゆきます。

6．あなたが釣り好きなら，ラインと針と餌だけのシンプルな釣りに挑戦してみましょう。もし，あなたが狩り好きなら弓矢の技術に挑戦してみてください。

7．雪や雨といった悪条件や燃えやすいものが少なかったり，焚つけが少ないといったいろいろな状況で焚き火に火をつける練習をしてみましょう。

8．日々の水を探し求めるコヨーテのような動物になったイメージで，乾燥地帯で水源探しの探検をしてみましょう。

知っていましたか？：
メイプルシロップ作りは古くからある技術なのです

　北米先住民は何世紀にもわたって樹液を採りながら暮らしてきました。北東部に住むアルゴンクィン族やイロクォイ族から五大湖付近のヒューロン族やチペワ族といった先住民は，健康飲料にしたりシロップ漬けに使ったり，キャンディーとして使ってきました。メノミニー族は，調味料としてもシロップやメイプルシュガーを使っていました。ヒューロン族にとって，メイプルシロップが飢饉のときの唯一の食べ物でもありました。チペワ族は，メイプルからできているものが，年間の摂取量の約12分の1を占めていたといわれています。

　北米先住民は，木に小さなくさび型の切込みをいれ，その穴の中にアシや筒状の小枝を差しこみ，採った樹液はニレやリンデンでできた桶にため，それを通常，まだ緑の残っている白樺の樹皮で作られた鍋で熱し，シロップにまで煮詰めてゆきました。メイプルシュガー製品は，開拓移民との重要な交易品でもあったのです。やがて，開拓移民は金属製の料理用の鍋を使って製造を始めるようになりました。

　今日では，メイプルシュガー作りにも科学技術が導入されています。バケツを使って一つずつ集めなければならないのは，もう小さな裏庭だけの話になってしまいました。近代的な方法では，重力流動システムによって，木から大きな貯蔵タンクへと樹液は運ばれていき，濾過装置を通して不純物と少

しぼかりの水分をまず取り除きます。その後，殺菌された大きなステンレス製の桶で煮詰められるのです。

　昔からの方法で作られたメイプルシロップと近代的な方法のどちらも味見をし，正真正銘のメイプルシロップと雑貨屋によくある偽物との味を比べてみてください。

　何世紀にもわたって，インディアンの人たちは，健康飲料にしたりシロップ漬けに使ったり，キャンディーとして使ってきました。

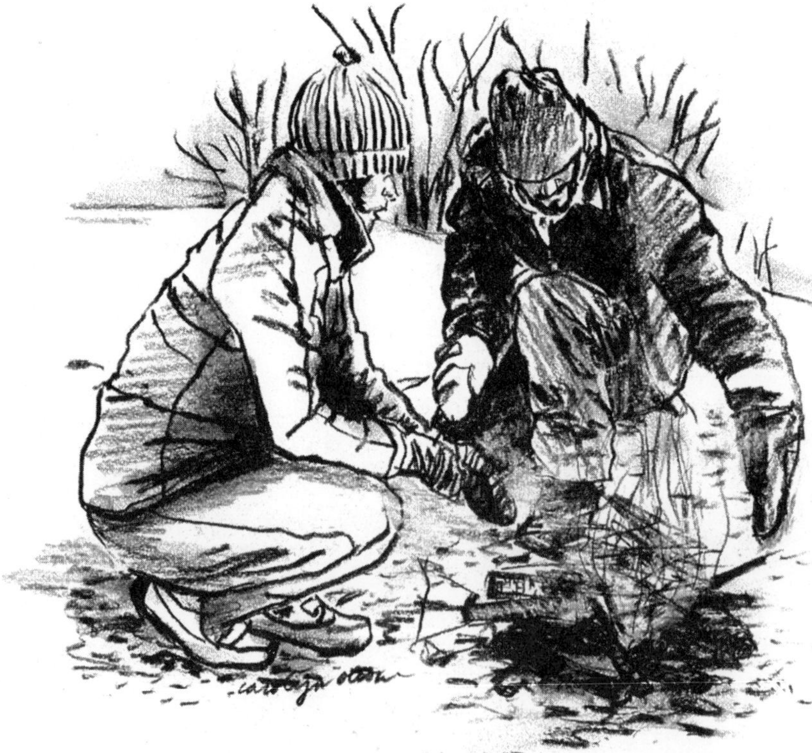

発　見

焚き火を
楽しみ
協議することの
楽しさを
発見する

9. 炎の贈り物

　キャンドルの火から勢いよく燃え盛るキャンプファイヤーまで，火は人類の誕生以来，人々になくてはならないものでした。火は，災いと恐怖の源として，また，体を暖め，明りをとり，安心を与えるといったさまざまな用途に使われ続けてきました。私たちの遠い祖先たちは，火のなかに神秘的な超自然現象をも見出していたことでしょう。

　今日でも，私たちは野営の火に暖をとり，畏敬の念をも抱きます。キャンプファイヤーをすることは，自然の根源的な意味に気づき，地球上のさまざまなものとつながっているという感覚をはっきりさせるといった〈センス・オブ・ワンダー〉に気づくことでもあるのです。

　このお話では，生徒たちがキャンプファイヤーの作り方を学び，そのプロセスを通して，一緒に作りあげていくといった不思議な魅力をも見出していきます。

おはなし：炎の贈り物

　温度計はマイナス30度を指していた。北国の森は初めてという11人の大学生が，雪の上にしゃがみこんだジョーのまわりを囲んだ。まわりでは吹雪が唸り声を上げ，体感温度はマイナス55度まで下がっていた。ジョーは積み上げられた枯れ枝に向かって祈っているように見えた。

　誰かが，「ジョー，マシュマロはまだ？」と冗談を言い，みんなは苦笑した。続いて，「ホットドッグは？」という声も飛んできた。

　ジョーは，実習生ひとりに1本のマッチを持ってきていた。少なくとも一つぐらいは火が起こせるはずだとふんでいた。また，焚き火を起こす練習は必修科目だった。というのも，11人の実習生たちは，これからの3カ月間，ミネソタ州北部の環境学習センターで，1週間の研修にやって来る延べ5千人にも及ぶ，小学生から高校生までの元気いっぱいの子どもたちを指導することになっているからだ。

　「さて，そろそろ火を起こすことにしよう。自分で起こした火ほど素敵なものはないんだ。全員が焚き木を集めて火を起こし終わるまで，私は自分のマッチを残して待っていることにしよう。」

　ジョーは短く説明した後，実習生に1本ずつマッチを配り，全員を3つのグループに分けた。そして，腕を上げて，叫んだ。「さあ，火を起こそう！」

　ジム，スー，ケリーの3人は，手にマッチを1本ずつにぎりしめたまま，お互いの顔を見合わせ，呆然と立ちすくんでいた。こういった初めての環境では，どうやったらいいのかよくわからないし，お互い今知りあったばかりだった。

　やっと，ジムが動きだした。彼は雪のなかを駆けだしていき，二人に向かって叫んだ。「こっちに来て，始めようよ！　この競争に勝ってみようぜ。僕は焚き火なら何度かやったことがあるし，ボーイスカウトにいた頃

は，賞までもらったんだから。」
　3人は，ジョーの簡単な説明を思い出しながら，慎重に風のない場所を選び，雪をはらい除け，火のつきそうな木切れや枝を集めた。
　「ポプラの葉にまず火をつけよう。燃えやすいから」とジムが言った。
　スーは，初めに太い枝を下に敷き，焚き木が湿らないようにしようと提案した。
　この厳しい寒さのなか，使いづらい手袋をはめての作業は，いやでも彼らを真剣にさせた。積みあげられた焚き木を，3人は期待をこめて見つめながらジムが言った。「もうこれでいいだろう。ポプラの葉に火をつけるよ。」でも，思ったようにポカポカ陽気のようにはならず，ポプラの葉は煙を出すだけで，勢いよく燃えあがらなかった。煙がジムの目にしみた。彼は急いで手袋をはめ直した。
　「松の葉は火つけにいいんじゃない？　いつもパッと燃え上がるわ」とスーが提案した。
　たしかに，松の葉はパッと燃えあがったが，太い枝に燃え移らなかった。
　「白樺の樹皮なら，きっとうまくいくって。」ケリーが焚き木を並べ直しながら言った。他の二人が凍えないように動きまわっている横で，ケリーは最後の1本のマッチをすった。白樺の樹皮に火がついた。炎は，パチパチ，シューシュー，と音を立てながら，まわりの葉に燃え移った。3人は一瞬期待したが，またもや煙になってしまい，肩を落とした。
　「あなたたちとここで凍え死ぬなんてまっぴらよ」と，スーの口からは冗談が飛びだした。「それにしても，うまくいかないものね。」
　3人はがっかりしながら，ジョーや他のメンバーのいる方へ，とぼとぼと歩いた。
　他の学生たちはすでに集合場所に戻っていて，コガラのように肩を寄せあい，体を暖めようと足踏みをしながら各々の失敗を語りあっていた。
　ケリーもグループを代表して，最後に皆に向かって感想を言った。「僕はやっぱり白樺の樹皮が秘訣だと思うんだけど，火を起こすには運も必要なんじゃないかな。もう一度やってみたらうまくいくと思うんだけど。」
　ジョーが自分の分にと取っておいた最後の1本のマッチを取りだした。全員で一番いい場所を選び，乾いた木切れや白樺の樹皮を拾い集めた。

「ケリー，やってみよう！　火をつけてくれ！　凍え死にそうだ！」とジョーが叫んだ。

　星の形にていねいに積みあげられた焚き木のまわりに全員が近寄ってきた。ケリーは雪の降るなかに身をかがめ，最後のマッチをすった。紙のように薄い白樺の樹皮に火を近づけた。みんな真剣だった。チラチラと光を放ちながら，オレンジ色の炎がゆっくりと燃えあがった。炎は他の樹皮へも広がってゆき，やっと，杉の小枝に燃え移った。

　ジムはうれしくてたまらず，思わず飛びあがり，喜びを身体いっぱいに表した。その瞬間，蹴飛ばした雪が焚き火の上に降り注いだ。神々しいハーモニーを奏でながら，太古からの神秘的な姿を現しかけていた焚き火の上に……。シューと雪が音をたてながら溶けていくあいだ，火が消えてしまうのじゃないかと，みんなはハラハラしたが，白樺の樹皮は炎を育み続けた。全員が不思議な力を感じ，一言もしゃべらずに炎という恵みを授けてくれた偉大な聖霊に感謝を捧げた。

活動マニュアル

目　的：火起こしの技術を身につけ，共に成し遂げる不思議な魅力に気づく。

年齢／人数／場所：サバイバル技術や協力することの大切さを学ぼうとするなら，燃えやすい材料が集められる森林地帯で，ティーンエイジャーから大人までもが混じった２〜４人のグループで行うのがよいでしょう。課題を与えるときは，やりがいがあり，かつ「やり遂げられるもの」にしてください。グループメンバーのレベルが高ければ，冬にやってみるのもいいでしょう。そうでなければ，暖かくて乾燥した時期にしてください。ご両親が付き添えるのなら，ご家庭の裏庭や州立公園でもおこなえますし，幼い子どもたちと一緒の家族でのキャンプでは，素晴らしい体験となることでしょう。

道　具：一人に１本のマッチや火起こしや火打ち石と鉄。

注　意：安全には十分に気をつけてください。炎から数メートルのところに土や石を使って境界線を引き，その内側には何も置かないように。消火や炎を加減するために水や雪を近くに置いておきましょう。

進め方：活動は順序立てておこなってください。まず，「火」にまつわる物語を話します。どのような精霊が私たちに火を与えてくれたのかといった伝説については「知っていましたか？」を参考にしてください。また，利用の側面から，そして恐怖の源として，さらに聖なるシンボルとして，火に対するさまざまな視点について簡単に話しあってみましょう。

　２～４人のグループを作り，冬のキャンプ，飛行機の遭難，ハイカーの迷子といった非常事態について話しあってみましょう。暖をとり，水分を補い，くつろぎ，話合いの雰囲気を作るような，命をつなぐ火を起こすといった課題を与えます。余裕があるようなら，まわりにある植物を使ってハーブティーを沸かしてみるのもいいでしょう。

　グループが課題にとりかかる前に，暖かい，燃えやすい材料，酸素を必要とするといった火の基本的な要素を復習しておきましょう。グループ全員の技術や知識を結集して火を起こしてみます。一人ひとりにマッチを渡し，チームを見送ります。各チームの様子を観察しながら，活動後の説明に使う焚き火を一つ残して，残りの火はきっちりと消火してしまいます。

　火を整え，眺め，暖かさを楽しみ，静かな時を過ごしてみましょう。しばらくしてから，燃えやすかった材料やチームメンバーの協力といった視点で話しあってください。そして，「どうして，火のような贈り物が与えられたのだろう？」といったテーマで伝説を作ってみましょう。もし，一人ひとりが伝説作りをするのなら，人数分の鉛筆と紙を用意しておき，お話を作ったり，火から取った炭を使って絵を描いてみましょう。歌や寸劇を作ってみるのもいいですね。このような活動は，天気の悪いときの室内プログラムとしても使えます。

アクティビティー：地球環境を学ぶ

1. あなたの住んでいる土地にやって来た初期の開拓移民の人たちのやり方で火を起こしてみましょう。火を起こすためには火起こしや火打ち石を使ってみましょう。

2. 家族とキャンプファイヤーの楽しみを味わってください。ファイヤーの組立ての技術や炎を眺める楽しみを伝えましょう。

3. 子どもたちの身体にタオルのマントをつけ，風の強さや方向の目安にしてみましょう。

4. 枝をくべながら，朝まで火の番をしてみましょう。炎を見つめ，そのスピリットを感じてみてください。地球の一部を消費しながらあなたの身体を暖めるという矛盾についても深く考えてみましょう。

5. 雨や吹雪のなかを歩いてみて，自然の力強さを楽しんでください。

6. 死んだ動物や朽ちた木を観察してみましょう。生きるために，死んでしまったものを利用している植物や動物のサインを探し，死から生へといった循環の視点で生き物のつながりを見てください。

7. ライチョウのドラミング，オオミミズクのホーホーという鳴き声，カエルの鳴き声，小鳥の声の変化，シカやムースのこすった印といったさまざまな求愛の鳴き交わしや光景に注目してみましょう。

8. もし，あなたが読図力に長けていれば，濃い霧のなかでのハイキングやカヌーに出かけてみましょう。コンパスを使い，目的地へのルート発見に挑戦してみましょう。

9. 稲妻の写真を撮ってみましょう。もちろん，安全な場所から。

10. 風のものすごく強い日に木に登り，木と一緒に揺れてみてください。でも，吹き飛ばされないように。

11. 太陽の光を使った反射ストーブで料理を作ってみましょう。

12. 友人や家族と滝つぼの前に立ち，その力を感じてみましょう。

知っていましたか？：盗まれた火の伝説

　われわれの祖先は，火のなかに神秘的な超自然現象を見ていました。古代フェニキアの太陽神「バール」の火へのいけにえやカトリックの神聖なキャンドルからスー族の身体を清める儀式や神聖なサンダンスまで，神聖な儀式はどれも火を象徴として使っていました。
　しかし，火はどこからやって来たのでしょう？　チャールズ・ウッドは『インディアンの伝説』でネスピアスが火を手に入れた伝説について書き残しています。
　ネスピアス国のカユシス族によれば，この世のすべての火は，はじめは火の山のなかにありました（現在は，地図にあるホッド山と呼ばれているところです）。当時，創造主で偉大な聖霊ホンイーヲートは，火の悪魔に火を託しました。しかし，火の悪魔は火を一人じめしてしまいました。この頃，ネスピアス族は，羽毛と分厚い毛皮を持っていたので火を必要としていませんでした。しかし，ある秋のこと，ネスピアスでは大きな祭りがあり，身につけていた毛皮を脱いで踊っていました。それを大きなワシが持ち去ってしまい，残された人々は凍え，恐怖に陥ったのです。
　そこで，2人の勇敢な戦士が火の山の悪魔からこっそり火を盗むことを決心しました。一人が木の皮をかぶって変装し，火のなかに飛びこもうとした瞬間，襲いかかってきた火のかけらに飛びかかってひったくり，山を駆け下りました。火の悪魔たちは，一目散に逃げる勇敢な戦士たちの真後ろに迫ってきましたが，2人は猛烈な勢いで駆け，その通り道の雪を溶かしてしまい，その道は今でもジョン・デイ川として残っているといわれています。
　最後に，この偉大な聖霊はネスピアス族に快く火を与え，火の悪魔を松の

木に変え，勇敢な戦士の一人をビーバーにしてしまいました。ビーバーは雪解けの川を泳いで渡り，意地悪な炎を柳の木に変えてしまったのです。これが，柳がこすれると火が起こる理由です。火をこっそり盗んだもう一人の勇敢な戦士はキツツキに変えられてしまい，木のまわりを今でも這いまわり，くちばしでつつきながら木の中に火があることを知らせているといいます。

　先住民たちは，物事の起こりを説明した物語をたくさん伝えてくれています。このような物語を知ることは，きっと自然界への興味を呼び起こしてくれることでしょう。

神聖な儀式はどれも火を象徴として使っていました。

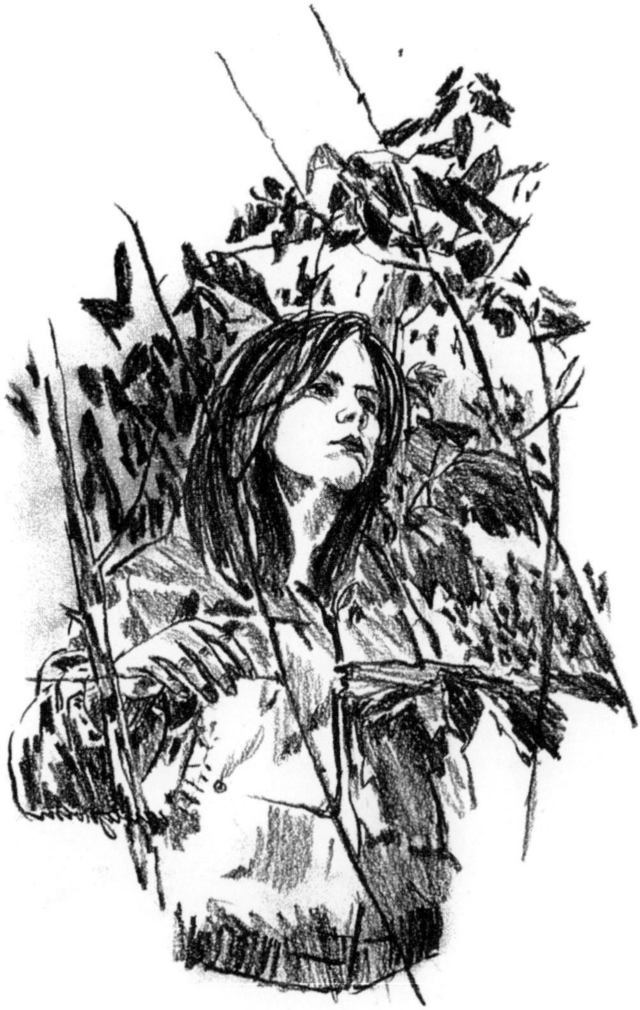

発　見

一人に
なることを
楽しむ

10. ソロ

　あなただけの時間を持つことはとても大切です。気を散らされることなく，わずらわしさからも解放され，誰とも話をしなくてもよく，一人きりになったときに初めて心からの気づき（発見）があるのです。自然の真っ只中に一人で静かにたたずんでいると，あなたのビジョンがはっきりと見えてくることでしょう。

　心から一人きりになるには，初めは時間を短くし，計画を十分に練り，安心して過ごせるようにします。ソロに慣れてくると，仲のよい友人と一緒にいるような感じで，一人でいてもリラックスしていられます。そうなれば，徐々に時間を延ばしていっても大丈夫でしょう。

　でも，子どもたちにソロを説明し，子どもにソロを勧めているあいだに，その大人自身もソロをやってみたくなることを期待しています。

おはなし：ソロ

　「誰かが後ろからついてくるみたい。熊が森から飛び出してくるんじゃないかしら」とラモーナが言った。
　「ちょっと不安かもしれないけれど，心配することはないよ。クマの方がびっくりするから。」ポールは，11歳の娘ラモーナを励ましながら，自分自身にも言い聞かせた。
　二日前，ラモーナの友だちが遊びにきていて，総勢7人にもなる女の子たちはふざけあって笑ったり，ゲームをしたり，ビデオを見たり，お菓子を食べたりしながら過ごしていた。ポールはそのときの様子を思い出し，ラモーナを森のなかに一人ぼっちにしても大丈夫だろうかと不安が頭をよぎった。
　ラモーナは一人で過ごす場所をあらかじめ決めていた。ミネソタ州ドゥルースにある，尾根に挟まれた岩だらけの川のまわりに広がるノルウェー松の森だ。そこなら，今までに何度も来たこともあり，森のなかを横切る道もよく知っていたからだ。
　それでもポールには心配だった。家から遠く離れたところに行くにしても，友だちと一緒に過ごすのと，一人きりでいるのとではまったく訳が違うからだ。
　北西から冷たい10月の風が吹き，15メートルほどもある松の木が大きく揺れている。ポールとラモーナは一緒に森まで歩いてきた。「どのあたりがいいの？」ラモーナが尋ねた。
　「あまり風のあたらないところがいいだろうね。」ポールがアドバイスした。
　「じゃあ，このあたりがよさそうだわ。そんなに濡れてないし，どうにか風もあたらないみたい。」ラモーナは風で倒れた木とやぶに囲まれた少し窪んだところに腰を下ろした。
　「一時間ぐらいして，そうだな2時15分頃になったら戻ってくるからね。」

そのあいだ，父さんは尾根のあたりまで歩いてくるよ。ここを離れないようにな。」ポールはおおよそ直径50メートルぐらいの範囲を指さしながら輪を描いた。

　ポールはラモーナと別れ，尾根に向かって歩きだした。途中，振り返ってみると，赤毛の娘があたりを歩きまわっているのが見えた。ふと足もとに目を落とすと，湿った土に獣の足跡がくっきりと残されていた。鹿？　犬？　それともオオカミだろうか？　よくわからなかった。「どうやら，声の届くところにいた方がよさそうだな。万一に備えて，気をつけておこうか。」

　キツツキが激しく木の皮をまき散らしだし，ポールはその様子を見やった。そのまま，しばらく尾根を登ったところで時計に目をやると，針は1時45分を指していた。

　一人きりになったラモーナにはキツツキの音が聞こえなかった。聞こえるのは松の木のあいだを吹く風の音だけで，ラモーナには水が流れている音のように聞こえた。木にもたれかかってみると，その木が風で揺れている様子が感じられた。ラモーナは落ち着かなかった。初めは怖かったが，ポールの姿が道の向こうに見えなくなると，恐怖心はどこかに行ってしまった。今，一番気にかかっているのは，この湿気と寒さを何とかしたいということだった。

　まず，もっと乾いたところを探そうと，窪みから出てみた。枝を拾い，その枝で地面をつつきながら，ふかふかに積もった松の葉の下の土が乾いているところを探してみたが，どうもよい場所が見つけられなかった。さっきの窪みが一番ましな場所のようだ。ラモーナは持っていた枝をパキンと折った。

　「動物に会えたら，本当にうれしいんだけどな。どんな動物がいるんだろう。……ネズミに，ウサギ，鳥，シカ，クマ，オオカミ，ムース。」あれこれ思いめぐらしながら，あたりを見まわしてみたが，何も見えなかった。

　ラモーナはもとの窪みに戻った。ウロウロしたおかげで身体も暖かくなり，腰を下ろして自分の置かれている状況を考えはじめた。もし，父さんが戻ってこなかったら，どうしよう。もう少し待ってみて，それでも戻っ

てこなかったら，車のところまで歩いて行こう。きっと車なら見つけられるはずだわ。

　目の前の茂みにコガラが飛んできて，ラモーナの注意を引いた。じっとしていると，その小さな鳥は手を伸ばせば届きそうな枝にまでやって来た。彼女はびっくりした。ご挨拶にと手を触れてみたい気持にかられたが，その鳥を驚かさないようにじっとしていた。一陣の風が森のなかを吹き抜け，静寂は破られ，鳥は飛び去っていった。

　風にのって何かの物音が近づいてくるのにラモーナは気づいた。小枝を踏む音と口笛だ。

　ドキドキが早くなってきた。誰か来た……ラモーナが一番恐れていたことだ。そいつは，森のなかをたった一人で探検している私をそっとしておいてくれるだろうか？

　がさがさと騒々しく音を立てながら，松林のなかを歩いてきたのはポールだった。ポールだとわかると，ラモーナは驚くと同時にほっとした。そして，この場を満たしていた静寂が破られてしまった。

　ポールはうれしくてたまらないといった様子で娘を抱きしめ，目くばせをした。「ちっとも長く感じなかったわ。」ラモーナはそれに答えた。

　二人は手をつないで歩いた。「父さんも，子どもの頃，こんなことをしたことがあるの？」ラモーナに尋ねられて，ポールは昔のことを思い出してみた。

　「そうだな，……でも，ラモーナ。父さんも，時々やってみようと思っているんだ。」

活動マニュアル

目　的：子どもが一人きり（ソロ）でいる時間を経験し，一人でいることの大切さに気づく。

年齢／人数／場所：この活動は10歳以上の子どもにふさわしいでしょう。一人でいられる場所さえあればどこでもできますが，子どもがその場

所をよく知っていることが必要です。

進め方：どのようにして，あなたの子どもをソロに連れだすか？　その答えは，ケースバイケースで，同じということは決してありません。でも，目安となるのは年齢とその子のやってみたいという気持です。あなたのお子さんは，何が好きですか？　バードウォッチング？　石探し？　葉っぱ集め？　ベリー摘み？　幼い子どもをソロに連れだすには，好きなものに注意を引きつけるようにしてください。ソロのことで思いをめぐらせるよりも，楽しみで頭をいっぱいにすることです。

　　　　それに，子どもたち自身も，ソロになるということの意味を理解していなければなりません。「いつ」「どこで」「どのぐらいの時間」一人でいるのかについて知っている必要があります。ソロが成功するには，信頼感がないとうまくゆきませんし，ソロをすることで信頼感が養われてゆきます。

　　　　まず，場所の選定です。これを間違うとうまくゆきません。安全な場所ということはもちろんですが，子どもたちと一緒に場所を決めるということも大きなポイントです。子どもたち自身が，居心地の良いところを選ぶはずです。年齢が上がるにつれ，まかせておいても安心していられるでしょうから，より厳しい条件のところでソロをすることができるでしょう。

　　　　一緒にソロの計画を立ててみてください。まず，日程と時間を決めます。ソロの時間はどのぐらいにしましょうか？　年少の場合，いくら長くても30分が限度という子どももいることでしょう。でも，なかには１時間でもへっちゃらな子どもたちもいるかもしれません。私たちの経験から言えることは，ソロは自分からやってみようという体験でなければならないということです。もちろん，快適に過ごせる服装やおやつ，筆記用具等といった細かなことまで話しておきましょう。

　　　　そのあいだ，あなたがどうしているかということも考えておいてください。子どもがソロでいるあいだ，何をしているか伝えておいてください。「どこで」「何を」しているか，子どもと一緒にあなたの計画を確認し，準備や思いを話しあっておいてください。

ソロ活動を実施する前にあたりを調べておきましょう。危険な場所や山道等を説明し，どのくらい離ればなれになっているのか，そして，落ちあう場所を確認しておきます。

　　その場から離れ，子どもから見えないところへ立ち去ります。

　　ソロが終われば，体験したことを話しあってみましょう。子どもやあなた自身が気づいたことを確かめあってください。こういった話合いは，お互いが親しく感じあえる時間にきっとなることでしょうし，ゆっくり味わってみてください。

アクティビティー：ソロになって野外で過ごす

1. 就学前の子どもたちと一緒に散歩に出かけてみましょう。裏庭だけではなく，公園にも出かけ，その子が一人になりたがるようなら，あなたが見守るなか，何かを発見するままにしておいてください。

2. 昼休みには，一人きりで野外で過ごしてみましょう。そして，例えば「感じたり，聴いたり，匂ったり，味わったり，見たものは何だろう？」といったように，オープンエンドの質問の答えを記録しておきましょう。

3. 週末のバックパッキングやカヌー，冬のキャンプといった2〜3日のソロ旅行を計画し，そのときに持って行く本や筆記用具や絵の具といった7つ道具を見つけておいてください。

4. 趣向を凝らしたソロ体験をしてみましょう。例えば，同じ場所へ四季を通じて出かけてみたり，同じ場所へ夜や昼といった違った時間に出かけ，ソロになってみましょう。

5. 家族で野外に出かけたとき，15分間だけソロになり，各自がバラバラになってみましょう。全員が戻れば，観察したものや考えたことを話しあ

ってみてください。
6. 一人用の小さなテントをキャンプに持って行き，一人で過ごしたくなったらいつでもテントに入れるようにしておきましょう。

7. 早朝や一日の終わりに，瞑想の時間を日課とし，野外での出来事を書いた哲学者の一節を読んでみましょう。

8. 話したり唄ったりしないで，静かに歩きながら自然の音を聞いてみたり，移りゆくものに目を向けてみましょう。地球にやさしく触れるような感じで，できるだけ静かに，ゆっくり歩いてみてください。

9. 思考に集中するように，夜の静寂と暗闇を使ってみましょう。よく知っているトレイルを歩いたり，月に照らされた湖をカヌーで漕ぎだしてみませんか。

10. トライアスロン，カヌーでの川下り，カヤッキング競争，オリエンテーリングコンテストや自然のなかでのクロスカントリースキーレースに参加し，野外活動にチャレンジしてみましょう。このような催しに参加するためには，事前の練習が必要です。自然を満喫し，自身の内面の可能性について新たな発見をすることでしょう。

知っていましたか？：一人になることの大切さ

　ソロとはいったい何でしょう？　それは，一口でいうなら，一人で野外で過ごすということです。一人になれば，静寂と自分自身を見つめる機会を手に入れることができます。ソロになって何をするのかは，ソロをする場所が限りなくあるように，制約はまったくありません。100年以上前，ヘンリー・デーヴィッド・ソローはマサチューセッツ州のウォールデン湖のほとりで，一人きりになって２年間を過ごしました。小さな畑を耕し，自給自足の生活を送り，小屋を建て，考えたことと活動を日記に綴りました。ソローは孤独を追い求める意味を「質素に暮らし，現実の本質に立ち向かうため」

に必要な機会だと理解していました。ウォールデンでソローが発見したことは，自分自身を理解し社会のなかで自分の役割を見つけるために一人きりになることがいかに大切かということでした。

　太古からあるヨガや瞑想，北米先住民のビジョンクエストは，一人きりになって気づきを得るためのさまざまな方法の一つです。森に住むインディアンの民は，自らの生活を支えている地球に対する責任を自覚していました。この自らの責任に気づくため，断食や孤独や瞑想を通して個人的な夢やビジョンを探し求めたのです。

　スー族の精神的なリーダーであるクロー・ドックはビジョンクエストについて「頭の目ではなく，心の目を通してわかること」の機会だと説明しました。

　スー族の若者にとってビジョンクエストは，自然のなかで4日間の完全断食をすることを意味します。彼らは自らのもとにやって来る守護神のスピリットであるビジョンを待ち続けるのです。このビジョンによって，部族や地球に対する将来の役割が決まります。

　先住民の知識や考えを一般の人たちに広めることを目的としている，バージニア州に本部を置くウィルダネス・ビジョンクエスト協会では，通過儀礼としてビジョンクエストを実施しています。ビジョンクエストでは「深い覚醒，自然との心の奥での出会いを通した内的な暮らし」を得ることを目的に，1週間のバックパッキング体験をします。

　ビジョンクエストで指示されることは「ゆっくり，心を開いて，心から聴くこと」だけです。参加者はリュックと寝袋，水筒，小さなテントと手回り品だけを持って出かけます。

　調理道具は持って行きません。というのは，食事は簡単で調理はしないからです。参加者はナッツやドライフルーツ，チーズなどといった，一日230グラムほどの食料で過ごします。

　参加者は日記に文章や絵を使って考えたことを記録するように勧められます。自然とのつながりを，心の奥深いところで実感する手がかりは，「心を引かれる」といった気を奪われたすべての事柄を記録していくプロセスにあるからです。一日に3時間も歩くことはありません。そんなに歩くよりも，まわりをとりまく環境を味わう時間を持つことを奨励されるのです。

　ソロ体験の大切さは，個人の成長体験を創造するためにデザインされた世界規模の野外冒険プログラム「アウトワード・バウンド」の哲学にも反映さ

れています。創立者のカート・ハーンは「不思議さや驚きをもう一度感じる能力を取り戻す新鮮で生き生きとした体験であり、あらゆる可能性を頭のなかに描き、今までと違った視点で世界を見ること」とソロをとらえています。

参加者は3日間、ソロで過ごします。寝袋とタープと水筒は持って行きますが、食料は持ちません。参加者は日記を持参するように指示され、考えたことを記録してゆきます。

『北国で考えたこと』のなかでシガード・オルスンは、探検や登山、カヌー、深夜の読書のように、一人きりになったときの記憶を思い出し語っています。彼にとって孤独は「しわくちゃになった魂をアイロンで伸ばす」ための時間だったようです。ソロ体験は〈センス・オブ・ワンダー〉を育てるためには、実は欠かすことのできない大切なものなのです。

「ビジョンクエストは『頭の目ではなく、心の目を通してわかること』の機会だ。」　　クロー・ドック

深い覚醒、自然との心の奥での出会いを通した内的な暮らし。

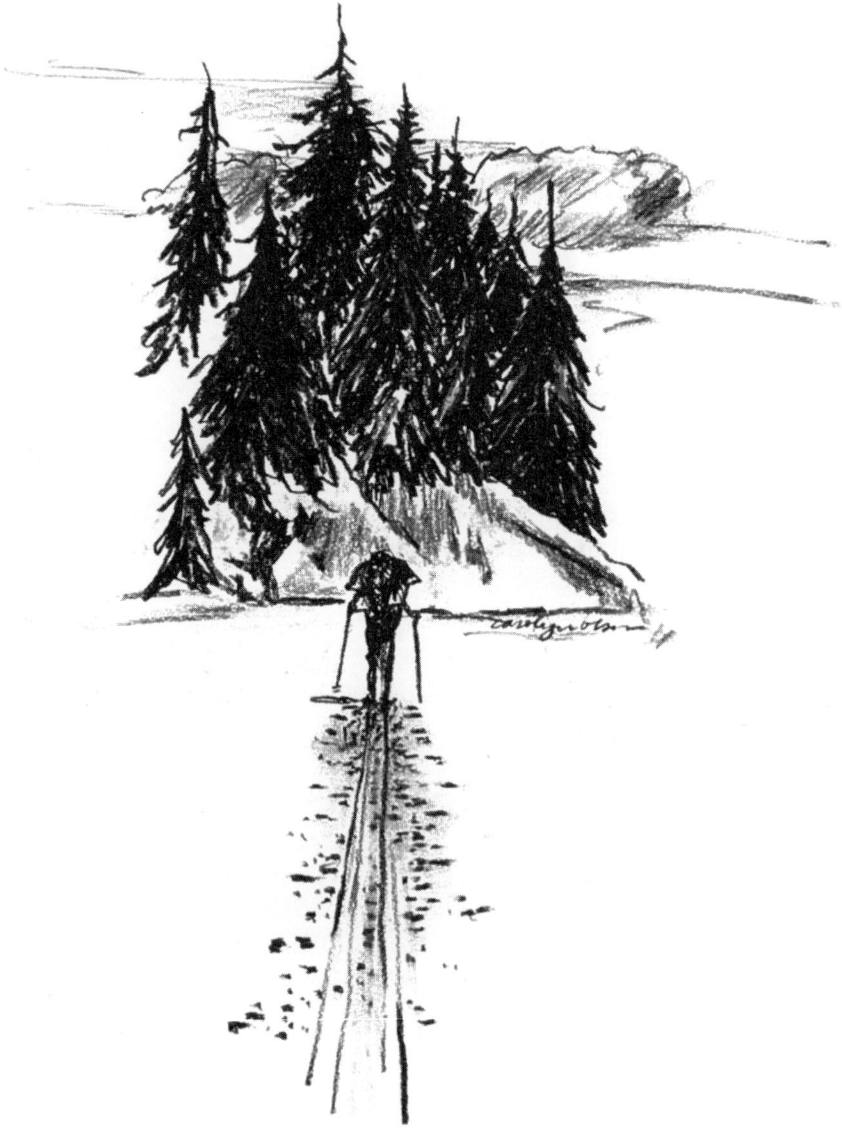

発見

日記をつけ
自分自身の
まわりの世界を
探検することの
意味を発見する

11. 雪のなかで考えたこと

　1987年2月20日。「冬のソロ。バウンダリー・ウォーターズ・カヌーエリアにて，夕食を準備中。夕闇の訪れほど優しいものがあるだろうか？ その薄くらがりが私を抱きしめようと森から忍び寄ってきた。私たちの人生の重大な出来事もそうであるように，日々の出来事はなおいっそう気がつかないほどにゆっくりとしている。まるで，漆黒の暗闇に包まれてしまうまで，その価値がわからないように。」

　日記を書くということは，あなた自身との対話の機会となります。書くことで，あなたの意見や考えがはっきりとしてくるのです。日記に綴る言葉を探すには静かな時が必要でしょうし，あなたが訪れた場所，出会った人々，思いついたアイディアの意味を見つけることでもあり，思考と体験をすりあわせることにもなります。日記をつけていれば，あなた自身の心の動きや自然のなかでの出来事について，何か大切な気づきがきっとあることでしょう。

　このお話では，冬にキャンプに一人で出かけたアンの心の動きを日記で紹介しながら説明しています。

おはなし：雪のなかで考えたこと

「スキーで16キロの道のりはつらかった。パイプストーン湾の氷の上を歩いて横断。横なぐりに吹きつける吹雪で何も見えない。方向はコンパスに頼るしかない。」

1時間ものあいだ，アンはテントに戻ってからしなければならない作業を考えていた。テントのロープをピンと張ること。スノーシューズをテントのそばに移すこと。木の枝に引っかけてある食料袋から粉末飲料とバターを取りだして食事をすること。今夜は暖かい夕食はなしだ。

アンは疲れきっていたが，吹雪はやむ気配がない。でも，1リットルの水と昼食の残りがたくさんあった。キャンプに戻ると，寝る準備を手際よくすませ，120×180センチの避難所に潜りこんで日記を取りだした。時計は4時を指していた。テントに吹きつける風や雪の音にアンは寝袋の中で体を小さくした。

アンが一人きりで旅に出たのは6年ぶりのことだった。彼女は日記を書きだした。

「お昼頃に雪が襲ってくるまで，オオカミ，ムース，カワウソ，テン，イタチ等の足跡が湖の上についているのを見つけながら，とても楽しい時間を過ごしていた。こんなに多くの動物がこの大きな湖にいるなんて！私はバウンダリー・ウォーターズの冬がすごく気に入ってしまった。ここは，どの季節に来ても生命に満ちあふれているが動物たちの秘密を本当に語ってくれるのは，この季節だけだ。」

「足が楽になって，ほっとした。身体の疲れは限界に達しているのに，心や精神は満ち足りているという，なんだかとてもいい感じ。自分だけの時間をこれほど必要としていたとは，今まで気づかなかった。3日間のキャンプのために，夫や子どもたちを残して出かけていいのか，という迷いに負けそうになり，もう少しで出かけるのを諦めるところだったが，出発の前の夜に読んだ本に救われた。その本は，『静かに自らの魂と向きあう

ことで，真の生き甲斐を見出せる』ということを説いていた。その本は，自分自身を取り戻す時間を持つことの大切さを，私の求めていた通り，再認識させてくれた。」

「目を閉じてみると，どこまでも続いている2本の足跡だけが見える。その先はかすんでいて，はっきり見えない。行く手を目指して必死で進む。私はひたすら足跡を追っていかねばならない。しかし，人生の道のりと同じように，最後には報いがあるはずだ。」

風が弱くなっているのに気がつかなかった。大きな雪の粒がテントに降り積もる音しか聞こえない。まるで雨音のように大きく響いている。アンにはテントの外の世界のことは頭になかった。今，アンの頭にあるのは，99セントで買った横15センチ，縦20センチのリングノートのことだけだった。そのノートは衝動的に買ったもので，横にあった小さな箱に入った色鉛筆と一緒に買ってしまった。子どもたちと一緒に，いとこの誕生プレゼントを探して，文房具売場を歩いていたときのことだった。

「旅行中に考えたことをきちんと書き留めておくつもりなら，旅行用のノートが必要だわ」と，とっさに思った。

なかなかよい思いつきだった。アンは，誰かに手紙を書くのではなく，ただ自分自身のためだけに書くのだと心に決めていた。

テントの中が暗くなってきた。アンはキャンドルに明かりを灯して書き続けた。まだ眠る気にはならなかった。午後7時頃までに，25ページも書き，ようやく時計を見た。3時間も書き続けていたことに気づいて驚いた。

二人の子どもや夫，幾人かの親しい友人と自分との関係について何ページか書き，その日たどった道のりを詳しく記した地図も色鉛筆を使って描いた。また，アンが絵を描くきっかけとなった，子どもたちの思いつきも書き留めておいた。その思いつきによって，自分は絵が苦手だという思いこみから解放されたのだった。一方，将来の仕事に関する問題点も数多くあげてみた。今までの人生で優先していたり，選んだりしてきた事柄についても考えてみた。もっと自然のリズムに合わせて暮らすために，生活の無駄をなくすには何から始めればいいか，突き詰めてみた。

「私は現実の世界から逃れようとしているわけじゃない。むしろその反対だ。問題は，私がそのなかにどっぷりと浸りすぎていることなのだ。生

活の雑事に気を煩わされ，バランスを失っている。重心を移すなんて，考えただけで恐くなる。押しつぶされそうだ。でも，私はとりかかりたい……どこかから。」

　何かの生き物の声が聞こえ，アンはのテントの外が気になった。静かな冬の夜，森のなかからフクロウの声が聞こえてくる。「フー・クックス・フォー・ユー，フー・クックス・フォー・ユー……（あんたのご飯は誰が作るの？）」と言っているみたいだ。彼女は微笑み，再び書き始めた。

　「なんて美しい響きなんだろう。2羽のシマフクロウが私のいる場所をはさんで呼び掛けあっている。夜の生き物が活動を始める合図だ。彼らの生活は私の生活となんとかけ離れているのだろう。でも，私は親しみを感じている。いや，仲間に入れてもらった気さえする。同じ場で生を共有しているのだ。」

　冬の森の朝が，どの季節の夜明けよりも静かにやってくる。小鳥たちのせきたてるようなコーラスもなく，ただ，ワタリガラスがカーカー鳴いているだけだ。湖の岸に打ち寄せる波の音もなく，せわしなく動くリスの振るわす木の葉の音もない。朝は静寂に包まれていた。

　長くて静かな夜が明け，アンは静寂を破って携帯用のストーブに火をつけた。今日は長い道のりを歩くつもりだ。新雪が積もった道を重い荷物を積んだそりを引きながら，4つの湖を横切り，もと来た道を戻らなければならない。アンはこれからのことを考え，温かい朝食をとっておくことにした。お湯が沸くのを待つあいだ，再び日記を書きだした。今回持ってきた装備を一つひとつ検討してみた。次の年も，もう一度ここへやって来ようと心に決めていたので，完璧な装備を整えたかったのだ。

　オートミールを食べ，ココアを3杯飲むあいだも，装備のことを考え続けていた。お気に入りの，このカップの絵を描き，旅の記録の締めくくりを書き始めた。

　「このカップから伝わる温かさが何ともいえない。立ち上る湯気をながめ，ココアの温かさが体の中へしみわたっていくとき，心が癒されていくように思える。どうして，キャンプがこれほどまでに私をとりこにするのかというと，シンプルなリズムや生活に立ち戻ることを求めているからだと思う。これこそが，近代的な生活という，複雑で人工的な迷路の中にい

る私を正しい方向へ導いてくれることだろう。」

活動マニュアル

目　的：野外での体験の意味をじっくりと考えてみるために日記を書いてみる。

年齢／人数／場所：10歳以上。場所は選びません。

道　具：ノートと筆記用具。

進め方：まずは，日記選びから。ポイントは，耐久性，柔軟性，携帯性です。普通のノートでも，日記として売られているものでも結構です。野外に出かけるときは日記を持ち，自然の何かを観察し，書き留めておきましょう。色，影，音，香り等といった，感じたことに思いをめぐらせ，スケッチしてみましょう。対象となったものや風景を詳しく描いてみてください。

　書き留めておきたいことは日記に書いてゆきます。子どもの成長段階や，ファミリーキャンプの思い出を書き残し，季節の移り変わりに注意して記録してみましょう。野外での冒険で起こったどんな些細なことでも書き留めておくように。

　長時間のハイキングやカヌーの後には，「ふりかえり」の時間をもうけましょう。ノートと筆記用具を持ち，静かな場所を見つけて腰を下ろします。どんなことでも結構ですから，10分間書き続けてみましょう。その日にしたことや考えたことを書いてみるのです。文法や句読点，文体等を気にすることはありません。数週間，この練習を繰り返してみてください。あなたはもう，日記をつけ始めていることになるのですよ。

　絵も描き添えてみてください。地図やちょっとしたシンボルや似顔絵といったもので十分です。絵を描いていると，文章も頭に浮かんでくることでしょう。

日記を読み返します。書くことと同じくらい，日記を読むことも大切なのです。読み返してみて，しっくりとくるところもあるでしょうし，そうでないところもあるでしょう。それは，どうしてなのでしょう。なぜ，このような違いが起こるのでしょう。ごくわずかな心理的な変化を見つけだすことで，あなた自身の本当に求めているものへの気づきに導かれることでしょう。

アクティビティー：野外での体験を書きとめる

1. 子どもが日記を書き始める手伝いをしてあげてください。野外で起こったことを手がかりに，手紙や絵，賞，カードをスクラップすることから始めるといいですよ。

2. 絵や地図などを使って旅の絵日記を作ってみましょう。

3. 小型のテープレコーダーを使って，音日記を作ってみましょう。自然の音を録音し，コメントを添えて。

4. 写真に日付とコメントを入れた写真日記を作ってみましょう。

5. 野外での冒険の最後に，全員が集まり輪になります。「トーキングストーン」を順に回し，感じたことや考えたことをわかちあうグループ日記を作ってみましょう。「トーキングストーン」を持っている人が思ったことや感じたことを話してゆきます。

6. 子どもにノートと鉛筆を渡し，ほんの2〜3分離れたところへ歩いてゆき，15分〜30分間腰を下ろして静かにしているように説明します。そのあいだに見たもの，聞こえたものを記録してもらいましょう。

7. その日の発見をみんなに伝えるために，雑誌の写真や自然の材料を使ってコラージュを作ってみましょう。一人で作ってもいいですし，グルー

プでも結構です。

8. 旅の地図作りをしてみましょう。旅をした場所がわかるように，日程も添えておいてください。旅程に沿って，活動したことの説明を書き添えておきます。

知っていましたか？：
有名な発見は日記に記録されているものです

　ダイアリー（diary）とジャーナル（journal）という言葉は，どちらもラテン語のデイリー（daily）という言葉を語源としています。定期的であったり断続的であっても，ダイアリーやジャーナルは回想録とか自伝のような自叙伝体のものとは区別されています。ダイアリーやジャーナルは一般的に回想といったものではなく，毎日書かれるものなのです。
　もっとも古い日記は，文字が使われる以前からコミュニティーの記録として書かれていました。例えば，平原に住む北米先住民のある部族ではティーピーの壁に記録する季節的な出来事の絵を，必ず長老たちが集会を開いて決めていました。
　つい最近では，探検家たちの日記が，歴史的な出来事の貴重な裏づけとなっています。ルイスとクラークやジョン・ウェスリー・パウエル等の探検家の日記は，広大で誰も踏みこんだことのない西部の大地について貴重な資料をもたらしてくれましたし，今日でも素晴らしい読み物となっています。
　女性によって書かれた日記は，育児から食べ物，家庭生活，社会関係にいたる暮らしに密着した多くの歴史的な資料をもたらしてくれています。エリザベス・ケイディ・スタントン，アガサ・クリスティー，アビゲイル・アダムス，アン・マロー・リンドバーグ，アネイス・ニンといった人たちは，女性が書いた数少ない日記として，個人的な人生だけではなく，その時代をも伝えてくれています。
　日記は単純な事実の記録以上に，内面的な心の動き，新しい土地における歴史的な視点やビジョンを伝えています。その多くは，一流の文学作品としても読まれていて，書いた人だけではなく，読者にもインスピレーションを

与えてくれるものになっています。

　　　　　　　　　　　　　　　　　　　　

　　　　　　ティーピーの壁に記録する季節的な出来事の絵を，必ず長老たちが集会を開いて決めていました。

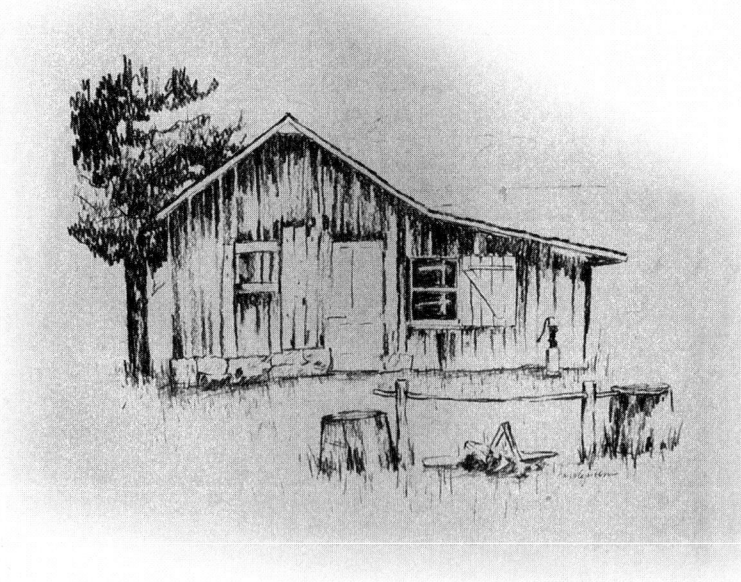

シェアリング（わかちあい）

　シェアリングというのは，発見したことを確認していくプロセスです。誰かと自然のなかで発見したことをわかちあうことで，初めてその体験が意味を持つのです。

　起こったことと感情の双方をわかちあうことから，個人・文化・世代を越えた貴重な意味のある発見が起こるのです。歴史をわかちあうことで文化が進展し，過去と未来がつながることで新たなものが生みだされてきました。

　シェアリングは，いろいろな方法でおこなうことができますし，誰もが心にしまい込んでいる，深くて感動的な体験をわかちあうお気に入りのスタイルを持っているものです。

　物語や歌，詩，絵といった創造的な表現によって発見がわかちあわれます。創造力を発揮し，発見したものの核心を伝えましょう。

　さらに，発見に導かれた場へ誰かを連れて行くことで，その発見をわかちあうこともできます。友人や家族と一緒に心を引かれた浜辺を歩いてみたり，バックパッキングに出かけたり，お気に入りの川でカヌーをしてみるのです。一緒になって野外へ出かけるということは，ご家族や友だちに〈センス・オブ・ワンダー〉を伝えるためには欠かすことができません。

　また，教えるためのシェアリングというものもあります。指導者は，ムースの寝床を指さしながら，押しつけられた草，毛や身体をこすった痕跡を発見したときの興奮をわかちあってみるのです。〈センス・オブ・ワンダー〉と一緒に教えることは，単に知識を伝えることだけではないのです。それは，何かを見つけてみようという姿勢を啓示することなのです。

　強烈な感情というものは，人にシェアリングをさせずにはおきません。しかし，シェアリングというのは，ときには難しく，傷つく危険を伴いかねません。あなたの心の奥深くにしまい込まれている何かをわかちあおうとする場合，あなた自身を傷つけ，理解されないかもしれないリスクを負うことにもなります。でも，自信をつけ，自己を発見するのもシェアリングなのです。

　シェアリングは誰もが学ぶことのできる技術なのです。こんな，簡単な練習から始めてみましょう。誰かと一緒に野外に出かけ，そこで起こったことを物語や絵や歌にしてわかちあってみるのです。あなたの心のなかで起こった発見や洞察，思い出をわかちあえる機会を作ってみましょう。

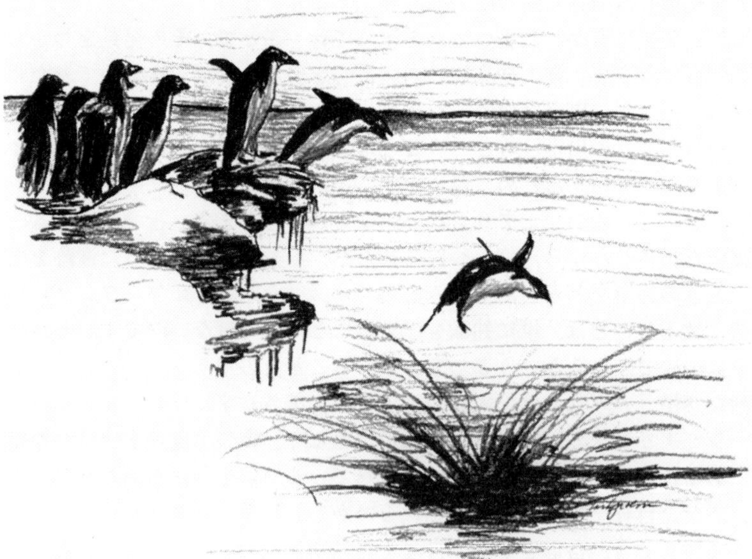

シェアリング

物語や
音楽・ダンス
を楽しみながら
自然を
わかちあう

12. ペンギンのチャック

　ストーリーテリングは世界中にありますし，神話や伝説はどんな文化にもあります。親と子，年長者と若者のあいだを結びつけるという理由で，古代のオジブウィ族の物語から，20世紀の子どもを寝かしつけるときのおとぎ話まで，語り伝えの伝統が続いているのです。

　お話はまた，語る人の体験にもとづいているものもあります。生き生きとしていて，意味深長なお話の多くは，皆さん自身の体験から生まれてくるのです。お話は，深い意味のある出来事や夢，気づき，そして人々に生涯忘れえないものを与えてくれるのです。

　このお話では，一人の父親が，大好きな南極大陸という神秘的で地球上で一番寒い大陸の野生動物や探検家の物語に，子どもたちを引きこんでゆきます。

おはなし：ペンギンのチャック

　「さあ，これでお話の時間はおしまい」とグラントが言った。「さあ，ベッドに入りなさい。」
　ベンとキャロリンは先にベッドに潜りこもうと，競いながら階段をかけ登った。グラントはお話の本を手にとり，子どもたちの後に続いた。キャロリンにお休みのキスをしようとベッドの上にかがみ込もうとしたが，キャロリンはカバーをかぶってベッドの奥の方に隠れていた。
　「あれ？　キャロリンはどこかな？」グラントはとぼけてみた。
　「そこだよ」とベンが教えたので，キャロリンが怒って，「ベン！」と金切り声をあげた。
　「まあ，まあ，二人とも。お日様は1時間も前に沈んでいるんだよ。もう寝る時間だ」とグラントは子どもたちをなだめた。
　「父さん。もう一つだけお話してよ？　ペンギンのチャックがいいな？」
　ベンにせがまれても，グラントは悪い気はしなかった。ペンギンのチャックの物語は南極探検というお気に入りの話題をもとに自分で作った話で，1年ものあいだにシリーズにして「物語」をいくつも作ってきていた。グラントは，寒くて白一色の，地球のはしっこの大陸のとりこになっていたので，南極探検の夢を空想のキャラクターに託して話すのが好きだった。
　グラントはベンのベッドに腰をかけ，壁にもたれかかって話し始めた。「チャックは，エンペラーペンギンでした。」
　「えんぱーって何？」とキャロリンが話を遮った。
　「王様のことだよ。エンペラーペンギンは，頭に明るいオレンジ色の羽根があってね，それが王様の冠みたいに見えるんだ。」
　「じゃあ，お姫様ペンギンもいるの？」と4歳のキャロリンが尋ねた。
　グラントは微笑みながら答えた。「いいや，王様ペンギンとロイヤルペンギンしかいないんだよ。」

「お話を続けてよ父さん。チャックはどうなったか教えて」とベンが待ちきれなくなって言った。

「チャックは何百羽ものエンペラーペンギンたちと一緒にコロニーに住んでいました。つまり，去年の夏にプレーリーで見たバッファローの群みたいに，同じ場所で一緒に住んでいるっていうことだよ。」

「どれぐらいの大きさ？」とベンが尋ねた。

「そうだね，キャロリンぐらいの高さかな」とグラントが答えると，キャロリンはベッドの上で立ってみた。身長は90センチはあった。「それから，体重はベンよりも重いんだよ。25キロから45キロのあいだぐらいかな。」

「すごいんだ！」ベンとキャロリンは声をあげた。

「どうしてそんなに重いの？」ベンに尋ねられ，グラントは答えた。「水のなかで泳ぎやすいようにするためなんだ。空を飛ぶ鳥と違ってね，骨が丈夫なんだぞ。それに，南極の冬のあいだ，体温を保てるように体のまわりには2〜3センチもの分厚いあぶらがあって，脂肪っていうんだ。」

「どのぐらい寒いの？」ベンは毛布に深くもぐりこみながら尋ねた。

「そうだね，気温が零下まで下がって，木の裂ける音がした朝のことを覚えているかい？」

「うん，ポンプが凍ってたときのことでしょ」とキャロリンが相づちを打った。

「そうだ，あの2倍の寒さはあるんだ。それに，太陽が長いあいだ出てこなくて，真っ暗で寒いままのところを想像してごらん。」

「そんな寒いところにチャックは棲んでるの？」

「地球の一番はじっこなんだぞ」とベンが口をはさんだ。

「ペンギンのチャックは，南極大陸の岸から少し離れたロス島というところに棲んでいました。そこは食べ物がいっぱいあって，棲みやすいところでした。食べ物というのは，カニに，イカに，魚。それに，オキアミという小さくて海老に似た動物などです。」

「うぇー！」と二人の子どもたちは叫びながら舌を出した。

「とにかく，チャックはそこが気に入っていました。寒いけれど，チャ

ックを痛めつける敵もほとんどいませんでした。」

「悪いやつはいなかったの？」

「そうだね，まあ，海のなかではシャチとかアザラシなんかがペンギンを食べたりすることはあったけど，ペンギンも気をつけていたからね。」

「ある日，チャックが泳ぎに出かけているとき，島に近づいてくる船を発見しました。船体には『テラ・ノヴァ』と大きな文字で書いてあり，それは船の名前で『新大陸』という意味でした。その船はイギリス海軍のもので，船長の名前はロバート・ファルコン・スコットといいました。」

「船が碇を下ろす場所を探しながら，島に沿って行ったり来たりしているのをチャックは見つけました。スコット船長はペンギンのコロニーの近くでキャンプをしたかったのですが，そこの氷は融けかけていたし，岸壁がとっても険しかったので，160キロ先のエヴァンス岬へ行くことにしました。チャックは船の行き先が気になり，後をついて行ったのでした。」

「それ本当なの，父さん？」6歳のベンは，どこまでが本当のことで，どこからが作り話なのかを知りたくて，やっきになっていた。

「本当の話だよ。スコットは本当に南極大陸に行ったんだ。彼は一番のりで南極点へ行ってみたかったんだ。それに，南極にどんな生き物がいるのかも知りたかったし，ペンギンの卵も集めたかったんだ。」

「ペンギンの卵を手に入れたくて，科学者たちは5週間も探検を続けました。それはものすごく大変な旅で，何度も吹雪に襲われ，日中でもマイナス25度からマイナス55度くらいまで冷えこみ，おまけに薄暗かったんだ。150キロ以上もの道のりがあったのに，立ちはだかる氷や深いクレバスを乗り越え，1日に2〜3キロしか進めない日が何日もありました。」

「どうしてその人たちは，そんなところへ行ったの？　冬のあいだ，小屋の中で遊んでちゃだめだったの？」とベンがきいた。

「そのほうがいいよね。でも，科学者たちはペンギンの卵のことをもっとよく知りたかったんだよ。学者は，物事がどんな仕組みになっているかとか，生き物がどんなふうに生きているかといったことを知りたいんだ。お前たちみたいにね。」

「チャックは卵を隠すように，お母さんペンギンに言ってあげたの？」

「チャックは父さんペンギンたちに注意するように言ってあげたんだ。」

お母さんペンギンたちは，冬のあいだ，海へ餌を取りに行っていなかったからね。お母さんペンギンは卵を生み終えたらすぐに，お腹いっぱい食べなきゃいけないんだ。だから，お父さんペンギンが２カ月間，卵の上に座って，お腹の下の方にある特別な皮で卵を覆って温めるんだよ。」
「卵は白いの？」
「そうだよ。」
「白いんだったら，氷の上では見つけにくかっただろうね。」
「いいところに気がついたね。」
「科学者が卵を全部持って帰ったんじゃなきゃいいけど。」
「彼らが欲しかったのは２，３個だけなんだ。それに，ペンギンを傷つけたりしなかったんだよ。」
「科学者はチャックの卵も取っていったの？」とキャロリンが尋ねた。
「大丈夫。チャックはその人たちがやって来るのを知っていたから，コロニーの反対側に隠れていたんだ。なにしろ，何百というペンギンがいるもんだから，探検隊はチャックのところまでたどり着かなかったんだ。」安心させようとグラントは言った。
「卵はどのくらいの大きさなの？」
「15センチから18センチぐらいかな。」
「それで，ペンギンの卵は戻ってきたの？」とベンが期待してきいてみた。
「いいや。でも，次の年にはまた別の卵を生んだんだよ。」
「父さんは，どうやってペンギンのことを勉強したの？　南極へ行ったことがあるの？」
「行ったことはないんだけど，でもいつかは行ってみたいな。」グラントは子どもたちに布団をかけてやりながら言った。
「それまでは夢にしておくよ。南極の本を読みながら。二人にも何か夢を持ってほしいな。さあ，おやすみ。」

活動マニュアル

目　的：自然を題材にした物語を創作し，お互いに紹介しあってみる。

年齢／人数／場所：5歳から85歳（もちろん，それ以上でも！）の方々でしたら，自分でお話を作ることができるでしょう。自宅の寝室からキャンプファイヤーまで，ドライブ旅行からハイキングまで，食事の時間から湖や川辺での休憩時間までといろいろな場面ですることができます。

道　具：想像力をかきたて，小道具になるような自然の何か。関係するお話の本や参考文献。

進め方：一番よいのは，あなた自身の体験にもとづいて作られた物語です。「私の一番……」や「私のお気に入りの……」「ある日のこと，私は……」といった書出しで始まるものです。
　　　　その体験に関連した場所や物事，または生き物にまつわる書物を読み，あなたの物語にファンタジーや魅力的な事実を織りこんでみましょう。「ペンギンのチャック」でグラントは，極地探検の日記やペンギンの生態にまつわる子ども向きの本を読みました。

　　（登場人物）
　　　主人公は一つの物語に一人か二人が限度です。そうしないと，筋が追えなくなってしまいます。その動物や植物の特徴を描写し，子どもたちに名前をつけてもらうようにしてください。主人公が，聞く人たちの年齢と似ていたり，同じような性格を持っている方がよいでしょう。

　　（場所）
　　　子どもたちに，登場人物が住んでいる場所の特徴や地形，自然環境などを説明してください。聞いている人たちが住んでいる所と比べられるように，類似点と相違点の両方を話すように。

（話の筋）
　どんな物語にも起承転結が必要ですが，しばしば，話の構成を練っているとき，出だししか考えないことがよくあります。あとは，成りゆきと想像力しだいで，主人公とあなたの聞き手が助けてくれるものです。さあ，彼らと一緒に話の筋を作ってゆきましょう。

（ストーリーテリング）
　上手なストーリーテラーは，身体と心とスピリットを使いこなします。声に抑揚をつけ，間を上手に使い，目を見つめ，手振りを交えることで効果を上げるのです。

（質問）
　質問を恐れないように。質問は，その場を全員が共有する絶好の機会なのです。もし，あなたが答えを知らなくても，全員で考えればいいんです。
　子どもたちだけではなく，いろんな人にお話をしてみるように勧めてみてください。誰にもあふれんばかりの想像力が潜んでいるのです。一人でも，聞き手さえいれば。

アクティビティー：一緒に作ってみる

1. （地球創造の物語）
　　ほとんどの文化には，世界の始まりや自然の物事の起こりを描いた物語があります。北米先住民の創世物語を読み，誰かに語り伝えてみましょう。参考資料としては，マイケル・カデュートの『地球の守り主』，ベイシル・ジョンストンの『先人からの言い伝え』，アドルフ・ハングリー・ウルフの『伝説』などがあります。物語を学ぶうちに，何度も何度も読むことになるでしょう。物語の細かい部分にまで目を通し，何度も繰り返すことが大切です。鏡に向かって一人で大きな声を出して読んでみましょう。そして，誰かに物語を語ってみてください。

2．（ルーン：北欧の古詩）

　ルーンは不思議で神秘的な物語です。外に出て歩きまわり，メノウや松の木，オタマジャクシ，星といった興味をそそるものを選び，そのものをじっと見つめてください。そして，どうしてそれがここにあるのかを想像してみてください。また，その場所に友人を連れて行き，あなたの物語をしてあげましょう。

3．（パネルシアター）

　フランネル（または，チョークと黒板や段ボール）を使ってお話をする方法は，ハイキングの後などにグループで一つの物語を作るのによいでしょう。色々な色のフランネル，接着剤，はさみを用意しておきます。まず，皆で何を見たいのかについて話しあい，一人ひとりで物語の一部をフランネルで作ってゆきます。全員が切り終わったら，フエルトを貼ったボードに作ったものを置きながら誰かが物語をスタートさせ，それに続けてグループで話を作ってゆきます。全員が一回りするまで続けましょう。

4．（〈センス・オブ・ワンダー〉サークル）

　ハイキングの途中で見た野原，山々，太陽，星，月，人間，動物，植物等を思い出してください。はさみやフエルト，段ボールや古い雑誌を使って，思い出したものの絵やシンボルの形をいくつか切り取ります。全員の輪の真ん中に並べ，詩や散文を作ってみましょう。

5．（グループの詩）

　野外での冒険の後，グループ全員で詩を作ってみましょう。1枚の紙を回し，言葉を書いてゆきます。幼い子どもたちには，リーダーが今までに書かれた言葉を読んであげてから，付け加えたい言葉を聞いて書いてゆきます。完成したら詩を読んでみましょう。

6．（グループの物語）

　一人が物語の出だしをしゃべり，ポイントとなるようなことを付け足し，次の人が話を続けてゆきます。うまく続けられない人は少しだけでもいいですよ。それでも，立派に物語の一部分にはなっているのですか

ら。

7．（地球交響曲）
　　地球交響曲にチャレンジ。有名な曲にあなたが作った詩をつけ，あなただけの歌を創作してみましょう。音を集めにテープレコーダーを持って野外に出かけ，草や柳の木の笛や乾燥したひょうたんを使ったり，空洞のある木を使ったドラムなどで自然の楽器を作ってみましょう。

8．（ドラマ）
　　自然を題材にした物語の芝居や人形劇を演じてみましょう。脚本を作るうえでの指針は，ストーリーテリングと同じように，地球を守る行動や歴史上の物語といったようにコンセプトを一つに絞ることです。

9．（ジェスチャー）
　　パントマイムをしながら自然史の授業をしてみましょう。ジェスチャーゲームは屋内でも，屋外でも，あらゆる年齢でもすることができます。絶滅の危機にさらされている生き物のパントマイムをしてみるとか，臭覚が発達している動物，ある地域に生息している動物や植物，環境保護に携わっている人といったようにテーマを決めてからやってみましょう。

知っていましたか？：物語には多くの教訓が含まれています

　自然界を探検するためのガイドとなるような本はたくさんあります。鳥や昆虫，植物，動物の足跡の見分け方の本。カヌー，ファイヤーの組み方，キャンプや釣りの本。感激したり，教訓となる物語もあります。
　子どもはなかなか厳しい批評家なのです。退屈な出だしや，登場人物がはっきりしなかったり，説明じみた終わり方をすると，一度目は聞いてくれるかもしれませんが，冒険や好奇心をそそる登場人物や思いも寄らないことや感激することがないと，もう一度とは言ってくれないでしょう。
　今世紀の初め，自然を題材とした子ども向けのお話の本は，人間のようなふるまいをする動物が登場する典型的なものでした。アーネスト・トンプソ

ン・シートンの『シートン動物記』がこのスタイルを有名にしました。

このようなスタイルで書かれた有名な古典として，ケネス・グレーアムの『たのしい川べ』があります。この物語は，ヒキガエルとモグラ，アナグマ，ネズミといったグレーアムが作りだした愉快な登場人物の冒険談です。

ソートン・バージェスは牧草地の生き物のドラマを『マザー・ウエスト・ウィンド・ストーリーズ』という，おやすみ前のシリーズ物に仕上げました。最近では，動物行動学に関する知識を用い，動物の強烈な個性を主人公に織りこんだ作家のジーン・クレイグヘッド・ジョージがいます。『狼とくらした少女ジュリー』で彼女は迷子になったイヌイットの少女とオオカミの群のあいだに芽生えた美しい愛情を描いています。また，『カッパークリークのカワガラス』と『キツネのヴァルペス』は自然の営みを扱った感動的な代表作です。

E・B・ホワイトの『シャーロットのおくりもの』のなかでは，クモのシャーロットと同じ庭に住む友人との試練と喜び，そして，その様子をじっと見守る少女の姿が描かれています。

子どもたちとペットとのあいだの友情を描いた作家は他にもいます。『あらいぐまのラスカル』でスターリング・ノースは，アライグマの目に映っている世界や，アライグマの見方を学んだ少年を描いています。ウィルソン・ラウルズの『赤いシダの生えるところ』では，オザーク山地に暮らす一人の少年と2匹の猟犬の関係が鮮やかに描かれています。

ここ20年間に，作家たちは差し迫った環境問題を取りあげはじめました。1971年には，ドクター・スースの名で知られている著名な童話作家のセオドー・ガイゼルが『ロラックス』で脚光を浴びました。この本には，とんでもない主人公が登場し，生態学的な原理を理解していく子どもの素晴らしい能力に注目させられます。環境を意識した最近のスースの著『バター戦争の本』では，ユニークな韻のふみかたと空想の登場人物をうまく使い，冷戦の現実と核による世界戦争への可能性を冷ややかに見つめています。

作家のキャロル・キャリックとイラストレーターで夫のドナルド・キャリックの著した野外探検の本では，自然に対する人間の感受性の鋭さを描いています。『森の消える日』と『嵐のなかに消えた』の2つの作品では，過酷な自然を耐え抜き，初めて自然の価値に気づいた人々を生き生きと描いています。いくぶん趣は異なりますが，この二人には春の訪れを描いたほのぼのとしていて美しい『小川』という著書もあります。

ロバート・マックロスキーもまた，やさしい自然の物語を書いています。『すばらしいとき』では，メイン州のペノブスコット湾に浮かぶ島で過ごした夏休みの喜びと冒険を著し，念願のコルデコット賞を受賞しています。マックロスキーの『サリーのこけももつみ』は，小さなサリーとお母さん，熊の子とお母さん熊のこけももつみの愉快な物語です。そこでは，サリーのお母さんと熊のお母さんのそっくりな点がおもしろく描かれています。

　南西部の砂漠地帯の生き物たちを描いたバード・ベイラーの詩的な散文は，ピーター・パーナルの力強いイラストで真に迫ってきます。『タカよ，僕は君の兄弟だ』では，野生動物とそれらを理解しようとした子どもたちとの関係を訴えかけています。これらの本は，野生生物を心から尊敬することの大切さを教えてくれました。ベイラーとパーナルの最新刊『わたしのおいわいのとき』では，〈センス・オブ・ワンダー〉をいつまでも生き生きと保つために，感覚を研ぎすまして野外に出かけることの大切さをわかりやすく伝えています。

　その土地の自然や文化的な営みを，子ども向けに地球の物語として書いたものがあります。『大きな森の小さな家』『プラムクリークの土手で』『大草原の小さな家』といったローラ・インガルス・ワイルダーの本には，さまざまな伝承が織りこまれています。過ぎ去った良き日々の開拓時代のアメリカ各地で土地を手に入れ，移り住んでいく家族と一人の少女の素朴な物語です。

　子ども向けの自然の物語のほとんどは，以下に述べる6つのカテゴリーのいずれかに入ります。

　1）擬人化された動物
　2）子どもたちとペットの関係
　3）切迫した環境問題に対する子どもの視点
　4）アウトドアでの冒険物語
　5）センサリー・アウェアネス
　6）文化や自然史

　すべてに共通している本質的な要素は，環境に対する正確な情報と地球と私たちとの関係性の視点を大切にしているということです。地球の素晴らしい物語を作るには，この2つの重要な要素が欠かせません。

誰にもあふれんばかりの想像力が潜んでいるのです。一人でも、聞き手さえいれば。

冒険や好奇心をそそる登場人物や思いも寄らないことや感激すること。

〈センス・オブ・ワンダー〉をいつまでも生き生きと保つためには，感覚を研ぎすまして野外に出かけること。

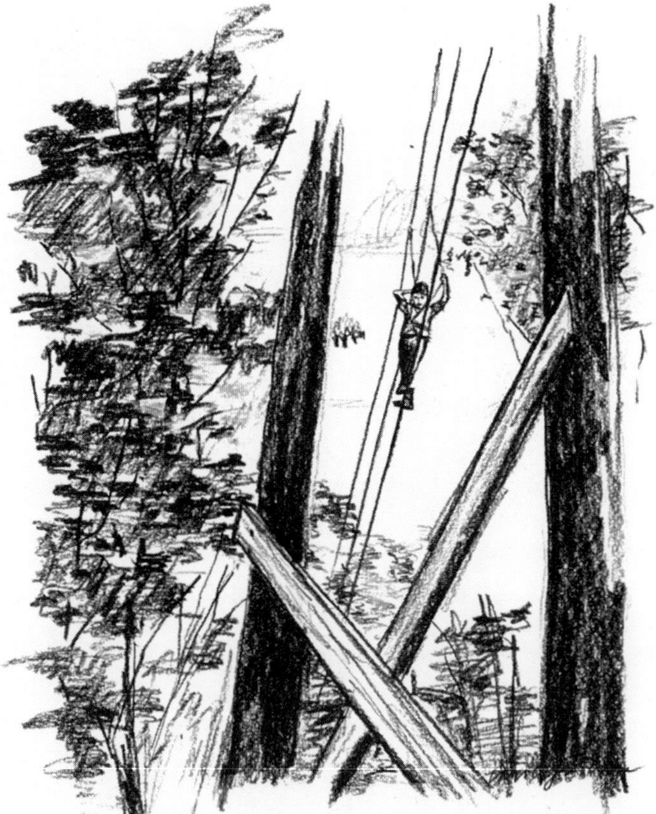

シェアリング

ネイチャーセンターで
おこなわれている
環境教育や
冒険プログラム

13. ロープの上で

　アウトドアについてより深く学びたい人たちには，豊富な専門知識を持っている組織が準備されています。ネイチャーセンターや環境学習センター，サマーキャンプ，レンジャー／ナチュラリスト養成プログラム，そして，オーデュボン協会のフィールド・トリップなどのプログラムはうってつけです。また，大学では連続講座が，科学博物館では野外観察コースの指導，コミュニティー教育センターではフィールドワークを実施しています。これらのプログラムでは，野外での体験を共有することで，家族が成長していくまたとない機会を提供してくれます。

　このような活動では，アウトドア技術を学びながら家族の役割の本質に気づいてゆくことができます。この章のお話では，冬の週末を地域の学習センターで過ごした家族が取りあげられています。家族で一緒に活動をしながら，個人として一人で活動し，物理的な障害を乗り越え，家族との新しい一体感を築いてゆきます。

おはなし：ロープの上で

　ラモーナは，地上8メートルのところに渡されたビーム（丸太）をゆっくりと少しずつ進んでいる母を見上げた。
　ラモーナには母が怯えているのが伝わり，自分も恐くなってきた。でも，母マリーもラモーナも，今年こそミネソタ州北部の環境学習センターのロープコースをすべてこなすつもりだった。
　去年もおととしも，ラモーナはこのビームのところまで来て，恐くなってしまい，地上に降りてしまったのだ。ラモーナは母がそこを無事に渡りきるのを見て，アシスタントのナチュラリストに耳打ちした。「今年こそやってみるからね！」
　母がコースの終わりに近づいた頃，12歳のラモーナもスタートする気になってきた。命綱をラモーナの金具に架け，アシスタントはラモーナの安全を確保した。そして，アシスタントは落ち着かせようと地上から声をかけ，ラモーナは梯子を一段ずつ登るたびに用心深く命綱を確かめた。彼女は青い耳当てをつけなおし，一呼吸してからコースの目標地点の方を見た。終点の台の上にはマリーが立っていた。
　ラモーナはビームに精神を集中させた。風がジャケットを通り抜け，身体の芯まで凍えた。3歩足を出したところで，冷えきったラモーナの体は震えだした。何年もバレエの練習をして鍛えたはずの足も，生まれたばかりの子馬のようによろよろしていた。
　「わ，わたし，もう，う，動けない」と，ついに口走ってしまった。
　「止まらないで。ゆっくり歩き続けて。すごくいいじゃないか！」下からアシスタントが声をかけた。
　ラモーナはやっとのことでビームを渡りきり，木に抱きつくところまで来た。渡りきったところには台があったが，とても狭く，身体を支えるためには木に抱きつかなければならない。彼女は木にしっかりとつかまり，その向こう側をじっと見すえた。母はもう地上に降りていて，友人や父と

抱きあっているところだった。母が笑っているのが見えた。
　ラモーナはその先へ足を延ばした。釣り橋は簡単に渡れたが，その次の「ポストマンズウォーク」の手前で一歩も動けなくなった。15メートルの距離にたった2本のワイヤーしかかかっていない。
　「行けるわよ，ラモーナ。うまくいくわよ。大丈夫よ。さあ！」もう地上に降りていて，心配のなくなったマリーが声をかけた。ラモーナがじりじりと進みはじめると，マリーは心のなかで応援した。ラモーナは背が低く，上のロープに手が届かなかったので，アシスタントがロープからたらしてくれた命綱にしがみついた。
　命綱を強く握ると，下のケーブルに足を乗せるのが精いっぱいだった。そこに，突風が吹き，足がロープからはずれてしまった。彼女は宙ぶらりんになってしまったが，命綱をしっかりと握りしめていて無事だった。ゆっくりとロープの上に足を引きあげ，もとの位置に戻った。
　兄のギャレンも一緒に言葉をかけて励ましてくれた。「おい，ラモーナ，絶対行けるぞ！」ついに彼女は最後の台のところまでたどり着いた。そこで，学校の先生のことを思い出した。家族と学習センターへやって来る前日，パキオティ先生と一緒だったのだ。
　「君はロープコースに参加するの？」と尋ねられ，ラモーナが首を縦に振ると，最後のジャンプの恐さを話してくれた。滑車にぶら下がって6メートルも滑り降りなければならないのだ。先生は，それを無事に終えたときの喜びをも語ってくれた。
　「これをクリアしなきゃいけないんだ。パキオティ先生は私がコースの最後まで行ったかどうか聞いてくるだろうな。」ラモーナはこう考えてから，目を閉じ，5つ数えてから飛びだした。
　下へ，下へ，彼女は一気に滑り降りた。目を開けると，自分を受け止め，歓迎する人たちの手が差し伸べられているのが見えた。
　「やったわ！」ラモーナは歓声をあげた。
　両親と兄は彼女をぎゅっと抱きしめた。暖かい出迎えが寒さを忘れさせてくれた。雪が溶けるように，紅潮した頬の上をしずくが流れ落ちた。それはまるで春の雪解けのように。

活動マニュアル

目　的：確かな団体が主催する野外プログラムに参加し，家族と一緒に野外での冒険を共有してみましょう。

年齢／人数／場所：家族を対象としているプログラムを探してください。そのようなプログラムは就学前の子どもだけではなく，10代から祖父母向けといったプログラムも実施しているはずです。

道　具：プログラムに参加するためには参加費が必要となります。

進め方：あなたの近くで実施されている野外教育や環境教育プログラムの情報を手に入れてください。どこへ行けばプログラムの一覧が手に入るかについては「アクティビティー」をご覧ください。プログラムはあなたの予算に合っていますか？　プログラムでおこなう活動は，あなたの関心や技術レベル，求めているものと合っていますか？　活動は個人を対象としたものですか？　それとも，家族を対象としたものですか？

　　プログラムの内容を詳しく尋ねてみましょう。手入れの行き届いた装備や宿舎でしょうか？　スタッフの資格や技術はどうでしょう？　食事は満足できるものでしょうか？　室内と野外で過ごす時間の比率はどのぐらいでしょう？　定員は何人ぐらいでしょう？　参加者一人ひとりに装備は行き渡るのでしょうか？

　　まずは，参加を申し込み，その後は時々，計画を話しあいながら，家族をその気にさせていきましょう。プログラムがおこなわれる場所を地図で調べておき，プログラムの内容を話しあい，一番やってみたい活動を心のなかであたためておくように。荷造りや準備はみんなでしましょう。就学前の子どもには，お気に入りのぬいぐるみの動物や絵本，おもちゃを小さな自分の鞄に入れてあげてください。初めての場所で，今までにない冒険に立ち向かうわけですから，いつも放さず持っているものや元気づけてくれるものをそばに置いてあげると何かと心強いものです。

最終的には，もちろんご両親が何を持っていくのかを決めることになりますが，でも，初めからチームワークの感覚を育てておくようにしておけば，家族を一つにするプログラムの効果も大きくなることでしょう。

　主体的に参加するように家族全員をその気にさせていきましょう。幼くて臆病な子どもには大人がつき添ってあげてください。でも，ご両親も今までにない冒険ができるように幼児の子守を交代でするといいでしょう。

　毎日，ご家族が顔を合わせる時間を見つけるようにしましょう。食事の時間や寝る前かもしれませんが，家族全員が集まり，その日の印象に残っていることを話しあってみてください。

　家に帰ってからも，そのときの体験をわかちあいましょう。食事時間のおしゃべりやスライドショー，また，手紙を書いたり電話をかけ，家族全員の体験を育てていきましょう。

アクティビティー：野外で行われる家族プログラム

1．（青少年団体）
　　多くの地域にボーイスカウト，ガールスカウト，YMCA，YWCAがあります。野外での技術を学び，キャンプに参加する機会を持ち，教育的な野外活動のボランティアとして参加してみるのも有意義な経験となることでしょう。週末の短いものから1週間のキャンプまで，また，お勉強的なものからレクリエーション的な活動といったものまで幅広く実施している組織もあります。

2．（キャンププログラム）
　　各地に宿泊施設を備えたキャンプ場があり，子どもから家族までをも対象としたプログラムを実施しています。

3．（公園とレクリエーションプログラム）
　　全国にある国営公園や各都道府県にある「県民の森」「府民の森」で

は，ハイキング，キャンプといったさまざまなレクリエーションプログラムを実施しています。詳しい情報を知りたい方は直接お問い合わせください。

4．（ネイチャーセンター・宿泊施設のある野外／環境教育センター）
　　ネイチャーセンターでは野鳥観察ハイクや天体観測プログラムから，今もっとも話題となっている自然史の講座や野外技術のワークショップまで，どのような年齢層をも対象とした，参加したくなるような季節に応じたさまざまなプログラムを実施しています。普段は学校向けの平日プログラムを中心に実施している宿泊施設を備えた環境センターでも，週末や夏休みには家族を対象としたプログラムをおこなっています。そういったセンターは，近くの教育委員会や環境教育部局に連絡して探してみてください。

5．（大学，科学博物館，地区の学校）
　　これらの施設では，室内での講義や映画といったものから長期に及ぶ野外での探検にいたるさまざまな素晴らしいプログラムを実施しています。環境や自然史，野外での技術，家族での活動といったプログラムについて，さらに詳しい情報が知りたい方は施設に直接問い合わせてみてください。

6．（日本自然保護協会，日本野鳥の会，その他の環境団体）
　　日本自然保護協会や日本野鳥の会では，本部だけではなく各地にある支部をも含めて数えきれないほどの野外プログラムを実施しています。

7．（ロープコース）
　　日本でもこの章で紹介されているようなロープコースを常設し，プログラムを実施し始めたところがあります。詳しくはプロジェクト・アドベンチャージャパンへ直接お問い合わせください。

知っていましたか？：子どもたちが教えてくれる

　私たちの〈センス・オブ・ワンダー〉ティーチングは，ミネソタ州北部にあるウルフリッジ環境学習センター所長のジャック・ピチョタ氏の誘いによるものでした。「私たちは自然史に関する素晴らしい授業と，一流の教師に恵まれているのです」と彼は話しています。「この両者の組合せが，多くの子どもたちに生き物に対する好奇心と尊敬の念を育ててゆきました。これは，偶然ではなく，しっかりとしたプログラムがあったからこそできたのだと確信しています。」

　私たちは，自然のなかで仕事ができるという個人的な喜びと，環境学習センターにやって来る数千人の生徒たちとどのようにして感情を共有すればいいのだろうかといったことを話しあいました。

　ウルフリッジ環境学習センターはアメリカにある宿泊施設を持つセンターとしては，どこにでもあるようなプログラムを実施しています。ウルフリッジでは，カヌー，湖，スキー，何キロもあるトレイル，登坂用の壁，ロープコース，設備の整った実験道具といったものが野外での体験による学びに活かされるように，スタッフによっていつも完璧な状態に維持されています。

　指導員たちは，天候や場所に限らず，自然への情熱をプログラムにそそぎ込んでいるのです。

　私たちは，自分たちの子どもたちとも野外で一緒に過ごしたいという気持もあり，ジャックからの招きを引き受けることにしました。1983年には初めての〈センス・オブ・ワンダー〉ウィークエンドを実施いたしました。水生生物を調査したり，顔に絵を書いてクッキーモンスターを追跡したり，輪になって歌を唄ったりしていました。この初めてのウィークエンドプログラムによって，週末を家族で過ごすことの大切さを確信することができたのです。

　現在，私たちはミネソタ州北部のウルフリッジとデュルースにあるホークリッジ自然保護区で秋のウィークエンドプログラムを指導しています。また，ウルフリッジでは冬に，セントラル・ウィスコンシン環境センターの緩やかな起伏が続く丘では春に，ウィスコンシン州北部の湖水地方にあるYMCAマニトゥイッシュキャンプ場では夏に一週間のプログラムを指導しています。

　私たちは，思いっきり遊びながら，生き生きとした気持を大切に指導しています。とはいっても，どこでも同じことを教えているわけではありません。

心がけていることは，その土地のスピリットに耳を傾けるということです。

　1989年の厳しい冬の寒さにもかかわらず，マイナス30度にもなるなかで30人のご両親と20人の子どもたちとが一緒にウルフリッジで言葉にはならない貴重なものを見つけました。体感気温はマイナス50度を記録し，私たちは「こんな寒さのなかで生きのびているものはいるのだろうか？」と問いかけてみました。返事は「氷！」私たちは小さな容器を集め，水を張り，食紅をたらして不思議な模様の氷を作ってみたのです。

　8月の新月の夜には，12本のペンライトで感動的な体験を味わいました。私たちはマニトゥイッシュキャンプ場のロッジから螢ハイクに出かけたのです。私たちがペンライトを持って森の中を歩きまわる様子は，暗闇のなかを踊るようでした。

　秋のホークリッジでの家族プログラムの夜は野外でキャンプをしました。私たちは中秋の名月の下で腰を下ろし，夜の森を飛び交う多くのすずめや鶯にびっくりしてしまいました。翌朝，私たちはプログラムを変更し，感覚を研ぎ澄まして，鳥になって自分たちの巣に戻るような遊びをしてみました。

　静かで蒸し暑い夏の一日，冬の荒れ狂う吹雪のエネルギー，あふれるような秋の紅葉，大地を貫いて顔をのぞかせた小さな春の花といった，どこにでもあるその場のスピリットを感じるために全力を尽くすのです。地球は私たちの先生です。私たちはその導きに従うように活動をデザインし，ストーリーを作っていくのです。

生き物に対する好奇心と尊敬の念を育ててゆきました。

私たちは，思いっきり遊びながら，生き生きとした気持を大切に指導しています。

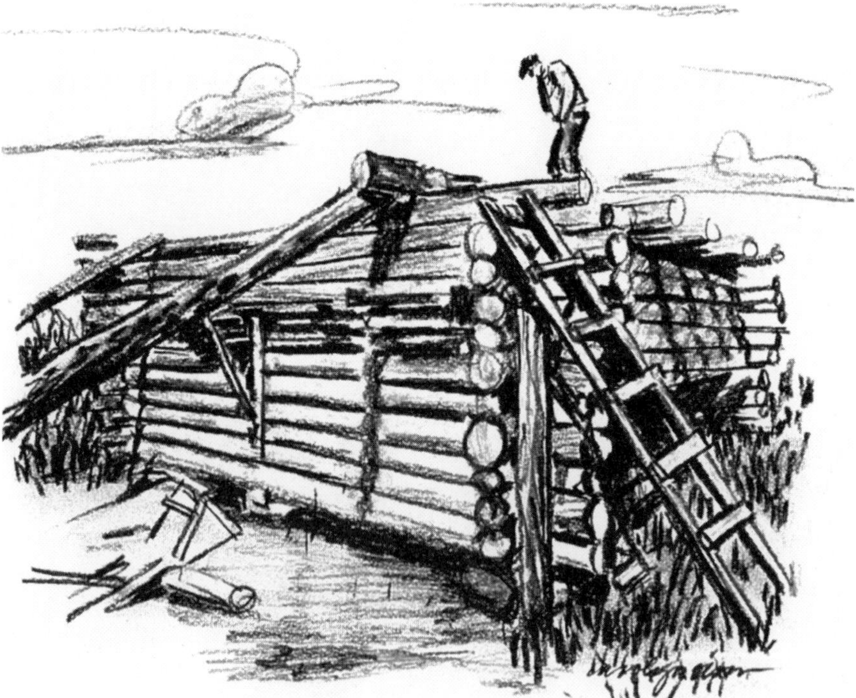

シェアリング

親しい人と
お気に入りの
自然を
わかちあう

14. 森の小屋

　どなたでも，心の底から愛する特別な場所があるはずです。釣り師なら秘密の釣り場かもしれませんし，カヤッカーなら，それは秘密の急流かもしれません。庭いじりの好きな人にとっては庭の隅の実験場所かもしれませんし，ハイカーにとって丘の頂かもしれません。家族には，それは夏のキャビンかもしれません。
　特別な場所があなたを引きつけるのは，あなたがその場所の一部であり，そこがあなたの一部だからなのです。あなたは親しい友人を探し求め，夢を追い，新しいビジョンを探し求めて，思索し喜びを感じるためにそこへ行くのです。
　運が良ければ，誰かあなたと一緒にその特別な場所を心の底からわかちあうにふさわしい人にめぐり会えるかもしれません。友人であれ，家族であれ，あなた自身の感激をわかちあうために，また，あなたの人生に彩りを添えている偶然の出来事を感じるために人を求めているのです。この物語は，シェアリングをテーマに書かれています。特別な場所で共に過ごすことにより，友情は深まり，その場所は新しい意味を持ちはじめてくるのです。

おはなし：森の小屋

　「さあ，これからグレートリバー渓谷へ降りていくぞ」とマリーナの父が少し大げさに言った。マリーナはトラックの運転席にいる母にちらっと顔を向け，子どもたちを見た。みんな，ニコニコしていた。あと1.5キロほどで到着だ。トラックは林道の轍に沿って進んでいた。林道の脇には，先のとがったトウヒがそびえ立ち，ハンノキが生い茂っていた。
　森の小屋に到着すると，3世代からなる家族みんなで，寝袋，ランタン，食料を小屋の中へ運び入れた。そうするうちに，手作りのダルマストーブの温もりが11月の冷気を暖めていった。皆はストーブの前に身体を寄せあって立ち，窓の下8メートルのあたりを流れる，ゴツゴツした岩のあいだを激しく流れる川を眺めていた。全員，黙ったまま，森の小屋に戻ってきた喜びに浸っていた。
　「川の水位がこの時期にしては高いわ。」マリーナは屋根裏に寝袋を広げながら思った。岩のあいだを渦巻き，激しく流れ落ちる川の音が聞こえ，両親や兄弟と一緒に，初めてこの川を見たときのことを思い出した。
　15年前，父はカスケード川のほとりに借地を見つけ，どしゃぶりの雨のなか，家族を連れてその場所を見に行った。スペリオル湖の北岸に沿って車で進む2時間というもの，まわりは深い霧ですっぽり包まれていて，ガンフリント・トレイルのキャンプ場へ向かうときにいつも見ていた景色も見えなかった。
　林道になり，カスケード渓谷に向かってどんどん森の奥へ進み，ようやく目印の測量札を見つけた。
　2時間ほどあたりを歩きまわってみた。川沿いに残されたムースやオオカミの足跡の後をたどったり，「老人の髭」と呼ばれる苔の垂れ下がったやせこけたトウヒに驚いたり，川っぷちで凍死した動物の白骨を発見したりもした。それから，川を見に行き，一家はその川のとりこになってしまった。川の魂が乗り移ったかのようだった。数カ月後，一家は協力して小

屋を建てた。
　「15年前，私はまだ10代だったわ。」マリーナは屋根裏から降りながらつぶやいた。小屋の中は静まりかえっていた。父は火の番をしながらストーブのそばに座っていた。母はベンとキャロリンを連れて，カケスにパンくずをやりに外に出かけていた。マリーナは本棚に近寄り，森の小屋日誌を取りだした。一家はここへ来るたびに，考えたことや出来事を記録するために日誌をつけることにしていたのだ。彼女は日誌を開けてみた。
　「1972年6月
　何という週末なんだろう！　私たちは飛び回る蚊やハエと競うように忙しくハンマーを振った。壁をはめ合わせ，床に釘を打ちつけ，煙突のブロックをセメントで固め，屋根にコールタールを塗った。私たちが大工道具を集めたり，キャンプ用品を片づけたりして，デュルースに戻る準備をしているあいだ，父さんはびくと釣竿を持って川へ下りていった。父さんは2時間もたたないうちに7匹のカワマスを釣りあげて戻ってきた。北の森の隠れ家を建てた6人の腕利きの大工たちをねぎらうご馳走だった。」
　何年にもわたる森の小屋の記録をぱらぱらと見ていて，父の記した部分が目に止まったので，読み始めた。
　「1981年5月1日
　長いことご無沙汰していて，久しぶりにやって来てみると，新しい年の始まりを迎えたような感じがする。驚いたことに，雪の降った跡が無い。川の水位は少し高いが，のんきなマスがかかりそうな穴場はすぐに見つかりそうだ。朝食をすます頃には，僕の心も身体もマス釣りに出かけたくって，うずうずしてることだろう。」
　マリーナは同じ年の春に書かれた他の部分に目をやった。父は最初の朝に滝まで釣りに行くことを習慣にしていたようだ。
　母は小屋の後ろで，近くを流れている水を別のところへ流すために溝を掘っていた。父がそれを見て，水たまりで遊んだ子ども時代に逆戻りしてるようだと，からかっていた。
　マリーナは過ぎ去った日々の思い出に浸り，日誌を読み続けた。日課の薪割り，カケスの餌づけ，夕食の食卓を囲んだ長い会話，トランプ遊び，湧き水を汲みにいったこと，滝や絶壁の上へのハイキングのことなどが記

録されていた。1983年の11月に書かれたなかからカナダから遊びに来た友人によって書かれたところに目が止まった。

「いつも川のせせらぎが聞こえてくる。なんて素敵なんだろう。素晴らしい場所に森の小屋は建っている。ここで過ごした人たちの幸せな時が，木々や川や風のあいだに語られているのが聞こえてくる。」

この友人が日誌に思いを書き留めた数時間後，マリーナの母と父が小屋にやって来た。夜も更けていたが，父は日記を読もうとページをめくり，自分の思いを書き足した。

「僕たちはグレートリバー渓谷へやって来た。真っ暗な森に足を踏み入れたとき，冒険という感じが確かにした。小屋の中に炎の温かさがジワジワと広がっていくとき，それとはまた違った温かさを感じる。それはフランと私が授かった子どもたちのことを思うときに感じるものだ。子どもたちは心のなかにほのかな光を放ってくれている。」

マリーナの眼に涙があふれてきた。「この場所は森のなかに入りこめる場所というだけじゃなく，それぞれの心のなかにも入りこめるところなんだわ。」

最後の部分には，滝へのハイキングに出かけたことが書いてあった。キャロリンとベンが祖父母と一緒に川の探検にやって来たとき，森の小屋は3世代を結びつける大切な場所となっていた。

「1986年4月
滝へのハイキングは私たちが考えていた以上に大変な冒険だった！ 小道は深い茂みに覆われていて，杉林にたどり着くには，ハンノキの茂みと悪戦苦闘しなければならなかった。キャロリンは茂みの下を腹這いになって進み，ベンは父と一緒に枝を押しのけて進んだ。やっと，私たちは杉の木立ちが並ぶ湿地帯についた。……倒れた幹によじ登ったり，老木の露出した巨大な根の下をくぐったり，子どもたちと手をつないで幹のまわりを囲んでみても届かないほど大きな杉の木もあった！

小道には湧き水や冬の雪解の水たまりが多かった。心配した通り，ベンが水たまりに足を入れてしまい，氷のように冷たい水がしみ込み，大騒ぎとなった。母のウールの靴下を履き，その日はなんとかなった。私たちはとぼとぼと歩き続けた。時々，道に迷いながら，川の音を頼りにしっかり

した道に戻ることができた。
　昔の川底の上流にあたる氷河期にできた尾根にたどり着き，一息入れた。『耳を澄ましてごらん。かすかに音が聞こえるよ』と父が子どもたちに言った。『滝だ。』父が目を輝かせるのを見て，ベンは私の手を握った。母と父がキャロリンを手伝い，滝へと急いだ。滝はすごい迫力で，水が岩の上で砕け散っていた。」
　マリーナは日誌を閉じた。6歳になるベンが小屋の中に入ってきた。「ねえ，母さん，川に挨拶しに行こうよ。」
　ああ，ベンは覚えてくれていたのね，とマリーナは思った。新しい世代にも伝統が受け継がれていた。道具を全部片づけたら，川に挨拶するのが一家の習わしだ。
　母と子どもたちは用心しながら坂道を降りた。苦心して作った階段に15センチほど雪が積もっていた。子どもたちは滑りながら降りていった。マリーナは母に手を貸した。父は先に来ていて，もの思いにふけっていた。
　たぶん，父はマスが潜んでいる穴場のことを考えているのだろう。それとも，以前，朝早く川べりに下りて行ったとき，オオカミが上流に向かって川を横切って行くのを見たことを思い出しているのかもしれない。あるいは，美しいこの森の空気を身体いっぱい吸いこんでいるだけかもしれない。
　「こんにちは，川さん。」4歳のキャロリンが凍った川の縁に近づいてそっと言ってみた。
　「こんにちは，川さん。」マリーナも心のなかでつぶやいた。「戻って来れてうれしいわ。」

活動マニュアル

目　的：愛する人たちと一緒に，とっておきの自然をわかちあう。

年齢／人数／場所：家族（子どもから祖父母，親戚，友人）でどうぞ。家から歩いて1時間ないし，車で2時間までのところがいいでしょう。

道　具：行き先や滞在時間によって違ってきます。

進め方：親しい方と一緒に，あなたが大切にしている自然を味わうために，ある場所を定期的に訪ねてみましょう。そうすることで，互いに親しみも増してくるでしょうし，もしそこが家から近いところなら，毎日，または毎週訪ねてみてください。お気に入りの公園や国や州のキャンプ場，毎年帰ってきたくなるようなリゾートを自分のもののようにすることができますよ。

　　　一緒に何かの作業をし，一緒に遊んでみましょう。キャンプファイヤーを囲み，静かなひとときを過ごしたり。子どもたちも一緒に計画を立て，料理を作り，作業をし，火の起こし方や魚の釣り方を教えてください。また，野生動物を観察したりアニマルサインを探してみましょう。

　　　季節の移り変りや，観察したもの，感じたことや考えたことを記録するための日記やアルバムを作っておいてください。

　　　お話をしてみましょう。あなたがしたこと，見たこと聞いたことだけではなく，思いついたことや感じたことをわかちあってください。

　　　訪れた人たちと一緒に，静かに朝日を拝んだり，ハイキングに出かけ，キャンプファイヤーを組み立て，歌や詩といった毎日欠かさずおこなっている日課を一緒にやってみましょう。

アクティビティー：特別な場所を一緒に楽しむ

1. 家族と一緒に眺めのよいところへ，徒歩やカヌーを使って出かけてみましょう。1時間ほど（できればそれ以上）静かに座り，その場のリズムやエネルギーを一緒に楽しんでみてください。家に戻り，熱いココアやお茶を飲みながら，考えたことや気づいたことをわかちあってみましょう。家族だけのリスニングポイントを見つけ，さまざまな季節に訪れてみてください。

2．見晴らしのよい海岸や丘を探しだし，毎月，月の出を見に出かけてみましょう。

3．オークやマツ，カエデのような木登りや腰をかけるのに具合の良い大きな木が生えている森を見つけ，「木に座る」ことを日課にしてみましょう。また，友人を連れて行き，そこからの景色や静寂を一緒に過ごしてみましょう。

4．クマやチップマンク，アライグマ，スカンクのような冬に巣穴を作る動物が，どのようにして冬のあいだその穴に住んでいるのかを調べてみましょう。巣穴が作れそうなところを見つけ，家族で巣穴を作ってみてください。家族全員でくっつきながら穴に入ったときの楽しさや暖かさを体験してみましょう。

5．冷込みの厳しい日に，近くにある温泉，屋外にあるサウナ，雪の降り積もった尾根筋の林の日当りの良いところ，岩肌がでている南斜面といった暖かい場所を見つけます。友だちや子どもと，暖かい飲み物の入った魔法瓶や本を持って一緒に過ごしてみましょう。

6．日食のような天体ショーの観察に出かけてみましょう。

7．近所に住むお年寄りや祖父母が秘密にしている釣り場を聞きだしてみてください。そして，一緒に出かけ，今までに聞いていたホラ話通りの魚が釣れそうな場所だったかを確かめてみましょう。

8．氷窟や鍾乳洞は神秘的で家族や友だちと一緒に探検をするのにうってつけです。ケンタッキー州にあるマンモス洞窟には洞窟探検のプログラムがありますし，五大湖沿いに点在する氷の洞窟には冬のマジックがきらきらしています。

9．庭いじりにのめり込んでいる仲間を見つけ，上手に育てる秘密の方法を聞きながら庭の隅で実験してみましょう。種や苗木の交換もしてみましょう。

知っていましたか？：元気にさせる傾聴のポイント

　地球の成立ちの痕跡を発見し，その特別な場所を探検するような活動は古くからおこなわれていました。子どもたちは簡単にそのような場所を見つけてしまうことでしょうし，家族は休暇を過ごしているあいだにも見つけてしまうことでしょう。

　偉大なナチュラリストも自分だけの場所を探し求めました。レイチェル・カーソンはメイン州のブースデイ近くのシープスコッド川沿いにコテージを手に入れました。自然保護論者のアルド・レオポルドは，ウィスコンシン州中南部の砂原地帯で，古くなったニワトリ小屋を一家の住まいに作り変えました。また，アメリカ西部の歴史小説家フレデリック・マンフィールドは，地球を実感する石の家を作るために，スー族の大草原の狩猟場を選びました。彼らは，自然との接点を持つことは自身への気づきや地球との関係を結ぶために必要だと確信していました。

　シガード・オルスンはミネソタ州北部のバーンサイド湖でそのような場所を見つけました。そこは森のなかに続く道の行き止まりのところで，岩棚の上に広がる松林に囲まれたところでした。妻のエリザベスと二人で，北国らしく，それでいて数時間から一晩や二晩，もしくは1週間を過ごすのに簡単にやって来られるところを見つけたかったのです。

　彼はそこをリスニングポイントと名づけました。

　シガード・オルスンは同名のタイトルの著書のなかで，「私はそこを訪れるたびに何かを発見している……思考や関心をそそる偉大な王国の扉を開け……宇宙の意味や知恵やスピリットたちの初めてのかすかな光を」と書いています。

　リスニングポイントはそう簡単には見つかりません。オルスンはミネソタ州エリーにある自宅近くにある田舎で，夕日や月の出やオーロラを眺め，小じんまりとした浜辺にひたひたと打ち寄せる澄みきった水音を聞き，かつて氷河が覆っていた岩があり，テントやキャビンにふさわしい場所を探し求めました。そのなかでも，眺めの素晴らしいところを望んでいました。彼のビジョンは，生涯を過ごしたウィスコンシン州とミネソタ州といった北国での探検や日常の暮らしのなかで培われてきたのです。

　シグ（シガード・オルスン）は1899年にイリノイ州のシカゴで生まれてい

ます。家族は1905年にウィスコンシン州北部に移り住み，彼自身が野生の残っている一帯と書き表した森のなかで少年時代を過ごしました。彼は妻のエリザベスと出会った農場で働いていました。

　二人がエリーに移り住んだとき，彼はエリー短期大学で生物学部の部長になり，ハドソン湾にそそぐ水系のクュエティコ＝スペリオル地区とカナダのノースウエスト準州における探検に取りかかりました。20年以上ものあいだ，夏にはもっぱらカヌーで探検に出かけていました。

　第二次世界大戦での任務から戻ったとき，新しい職業が彼を待ち受けていました。彼は著作活動を通して自身の体験や冒険を語りかけることにしたのです。

　彼の作家としての経歴は，スポーツ雑誌の冒険記事からスタートしました。そうこうする間もなく，著作の力点は報告から旅先で心を引かれるものを紹介することへと変ってゆきました。オルスンは人の手が入っていない自然の価値を認め，知識や気づきにつながるような視点で説明をおこない，普遍的な事実をあるがままに表すことが自身のスタイルだと説明しています。

　数年に及ぶ著述や編集，それに，不採用といった苦い経験をも経た後，初めての著書となる『原生自然のうたごえ』を1956年に出版しています。

　　原生自然のうたごえとはアビの鳴き声，オーロラやスペリオル湖北西部に横たわる大自然の静寂といったものです。つい最近までの生活にはあった無邪気な喜び，時間を超越したバランスのとれた感覚に興味を引かれたのです。

　『原生自然のうたごえ』は太古からの自然が残っている大地への旅を再現したものですが，次に出版された『リスニングポイント』では，彼が見つけた美しい北方の風景の典型的なたたずまいを紹介しています。7冊の本が出版され，最後の『時と場から離れて』は1982年に彼が亡くなった後，間もなく出版されたものです。どの本もクュエティコ＝スペリオルの原生地域を家族や友人とくまなく旅した物語で，探検の内容と同時に，気づいた心の動きについても書かれています。『リスニングポイント』第1章にはその本質が書かれています。

　　『リスニングポイント』はいつの間にか忘れてしまっていた〈センス・

オブ・ワンダー〉を取り戻し，私たちを取りまく岩や木々や生き物に教えられたすべてのものごとに捧げられたものです。すべてに通じる真実……きらめく宇宙に引きこまれるような，静寂に包まれた場所を誰もがリスニングポイントとして持っているのです。この本には，ある場所が私にとって意味を持つようになっていったストーリーが書かれています。このような私の体験は，ちょっとしたことで誰にでも得られることでしょう。

自然との接点を持つことは自身への気づきや地球との関係を結ぶために必要だ。

「いつも私は何かを発見している……宇宙の意味や知恵やスピリットたちの初めてのかすかな光を。」
シガード・オルスン

誰もがリスニングポイントとして持っているのです。

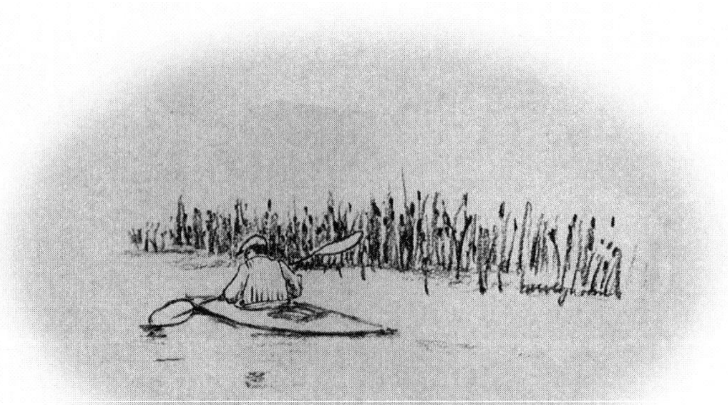

情　熱

　オーロラを初めて見た子どもが大はしゃぎするように，情熱というのは今までになかったような刺激的な感情を伴って始まります。それは，友人にロープを確保され，岩壁を登攀しているときに心の底から感じる若者の喜び，燃え盛るキャンプファイヤーのまわりで語りあう友人同士，お気に入りの場所を共有しあっているときの娘と父親の絆といったようなものでもあります。

　情熱は両手で抱きしめ，二つが一つになること。でも，一つになりながらも，互いの個性は持ち続けているのです。情熱的になるから，互いを受け入れ，愛が育っていくのです。

　地球はあなたを育み続けています。その地球を，あなたが抱きしめれば，洞察や技術，知恵，精神的な成長をきっと手に入れることができるでしょう。地球への〈センス・オブ・ワンダー〉を育むことによって，あなたは好奇心に胸躍らせ，探検の喜びを知り，自然のリズムや複雑さを発見するのです。そして，発見したことをわかちあえば，友人や家族との絆も強くなることでしょう。

　しかし，情熱とはそれ以上の……はるかに激しい感情なのです。情熱は「何かをしてあげたい」とあなたを駆り立てるはずです。

　情熱というのは，思いやりと行動がなければ，いつまでも持続することはできません。親しい友人同士のつきあいでは，お互いに思いやり，尽くすことが必要なときもあるでしょう。強い愛があれば，思いやりの妨げとなるのは，理解と交流の限界だけなのです。

　こうした心から身を委ねる気持こそが情熱です。情熱は尽くしたい，または尽くせるときに成長するのです。地球に何かしてやれることは数限りなくあります。これから紹介する活動には，あなたの関心を広げ，情熱が行動にうまく活かされるようなヒントがちりばめられています。

　季節がめぐるように，情熱というものは終わりが始まりでもあります。人に思われつつ思いやることであり，答えつつも質問をすることであり，尽くしているときに尽くされているようなものです。情熱とは，地球に愛され，地球への愛によってわき起こってくる責任に喜んで応じることなのです。

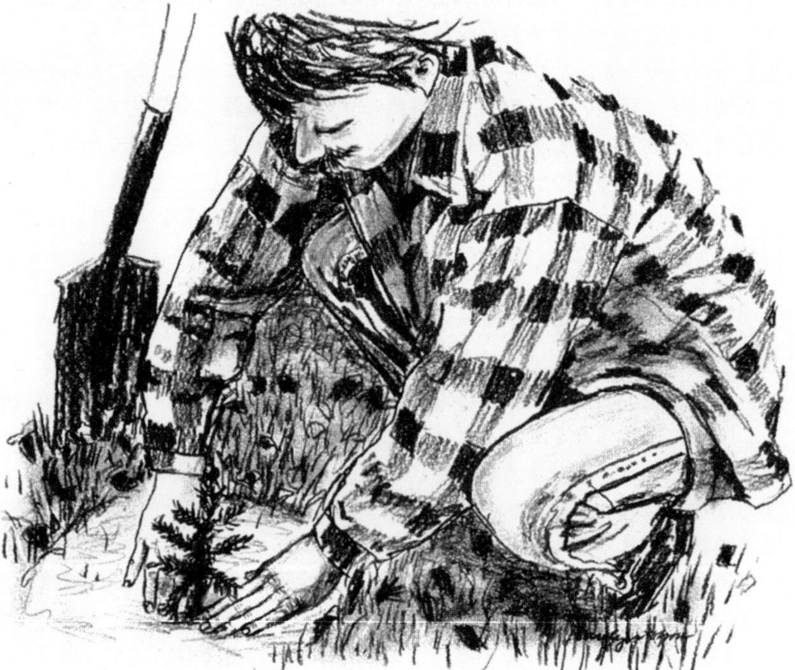

情　熱

エコヒーローから
学びを授かり
地球に対する
ビジョンを
持つ

15. ジョン・ミュアーの足跡

　この地球を，責任を持って守ろうとする人たちが地球の代弁者なのです。彼らは地球の未来を憂い，絶滅危惧種に指定された生き物を保護し，環境を破壊する行為と戦い，愛する場所を守り抜く活動をおこなうことで，自分たちのライフスタイルが変わってきたことに気づいてゆきました。

　ジョン・ミュアー，レイチェル・カーソン，シガード・オルスン，アルド・レオポルド，その他多くの人たちは，地球を守ることに心からの情熱を注ぎ，生涯変わることなく，その熱意，行動，人とのつながりを一つに力強くまとめてゆきました。彼らは，1回きりの行動やイベントの結果によってそうなったのではなく，生活全般にわたって地球への愛情を育み続けることによって，代弁者となっていったのです。

　この物語では，生涯にわたって〈センス・オブ・ワンダー〉を持ち続けるためのヒントを探ってゆきます。ミュアーはファウンテン・レイク・ファームの保全方法をどのようにすればいいのかといった視点をジョーに授けてくれました。

PASSION：ジョン・ミュアーの足跡　　173

おはなし：ジョン・ミュアーの足跡

「今までに2度も行ったことがあるのに，どこだかわからないな。」ジョーは地図をにらみながら独り言をつぶやいた。「この道で間違いないはずなんだが……。」

ジョーは，お気に入りの「地球の代弁者」，ジョン・ミュアーの足跡をたどるという夢にまで見た旅の途中だった。ジョン・ミュアーはウィスコンシン州出身の世界的な探検家であり，シエラ・クラブの創設者，かつ，国立公園の父とも呼ばれていた。ジョーはウィスコンシン州中部にあるウィスコンシン川とフォックス川が別れる砂質の丘の上の森のなかの，地図にも載っていない林道を走っていた。ジョーはミュアーが少年時代を過ごしたファウンテン湖を探している途中だった。

「信じられないな！　この国で一番有名な自然保護主義者の足跡をたどるためにここまでやって来たのに，このあたりの人は誰一人として，彼がどういった人で，ここで少年時代を過ごしたことさえも知らないなんて。」再び地図に目を落としてジョーはつぶやいた。

ミュアーの著書『わたしの少年時代から青年時代』によると，一家は1849年にスコットランドからファウンテン湖畔に移住してきている。農場に湧きでた水が湖に流れこんでいたことから，一家はその地域をファウンテン・レイク・ファームと名づけた。その湖は，ジョンのその後の生涯において，自然に対する畏敬の念やインスピレーションの源であり続けた。

ジョーはカシの木立の陰に車を止め，本をぱらぱらとめくり，少年だったミュアーが初めて農場にやって来たときのことが書かれた，お気に入りの一節を見つけた。

　　掘っ立て小屋に着くとすぐに，デービッドと私は馬車から飛び降りた。思いがけなく，人の手の入っていない自然のなかに身を置くことができ，自然の暖かい懐のなかで洗礼を授けられたことは，いかに私たちを幸福にしてくれたことか！　自然は私たちの身体に溶けこみ，素晴らしい輝

きに満ちた自然の秘密を次から次へと教えてくれた。ああ，荘厳なウィスコンシンの自然！

　集約的な小麦栽培を5年も続けてしまうと，ファウンテン・レイク・ファームの土地は衰えてしまった。昔からの農法のせいで土地が痩せてしまったのだ。そうして，ミュアー一家はヒッコリー・ヒルへ移り住んだ。そこで，ジョンの父はもう一度，丘の中腹の林を切り開いた。ジョンの言葉を借りれば，「土を採掘した」ということになるが……。20世紀の初め頃までにウィスコンシン州中部の農夫たちがカシとヒッコリーからなる生態系の壊れやすさに気づき始めたおかげで，自然の恵みは丘の斜面や川沿いに戻ってきた。
　ジョーはその結果として出来上がったパッチワークのような景観が好きだった。急な斜面はカシの木によって守られていて，谷間の狭い土地に農夫がトウモロコシやオーツ麦，牧草を育てていた。
　両側にカシの木の並んだ，曲がりくねった道をたどっていると，西の方から入道雲が近づいてきた。空が暗くなってきて，風が吹き始めた。ジョーはこの空模様をながめ，ミュアーが自然環境の代弁者として過ごした年月に経験したさまざまな時期や困難を思い起こした。アメリカ西部の国立公園の創設をめざして戦ったことや，アメリカスギの森林保護の論争，エバグレーズ湿原の国立公園としての承認，などなど。ジョーはこれらの場所をすべて訪れたことがあり，そしてアラスカのグレイシャー湾にもいつか行ってみたいと思っていた。その場所でミュアーは氷河作用の謎を解き明かすヒントを得たのだ。
　しかし，今までにたどったミュアーの足跡のなかで，ミュアーの自然への慈しみや美しさといった感覚を，ジョーがもっとも身近に感じることができたのは，ここウィスコンシン州中部だった。ミュアーが青年時代を過ごしたウィスコンシンの池や森は，ジョー自身も青年時代を送ったところだったからだ。
　ジョーがファウンテン湖に着くと，明るい日差しがさしていた。そして，「ユリの花と陽のきらめきが混ざりあいながら輝かしい美しさを見せて踊っていた」。ミュアーが100年前に書き残したのとまったく同じ情景だ。

ミュアーは晩年にはファウンテン湖での思い出を絶えず振り返っていたと書き残している。ミュアーの最後の著書となった自叙伝『わたしの少年時代から青年時代』には，野生的で人の手が入ってなく，自由なこの地や生き物への限りない愛と情熱を生みだしたこの湖のことが書かれている。湖のほとりで培われた自然に対する畏敬の念こそが，彼を探検や科学的な研究，環境保護活動へと駆り立てていったのだ。ミュアーによって多くの山々が国立公園として保護されるようにはなったが，ファウンテン湖を保全したいという彼の願いは叶えられなかったのだ。

　ジョーがミュアーの住んでいた場所に着いたとき，以前やって来たときと何かが変わっていることに気づいた。「ファウンテン・レイク・ファーム」と書かれた新しい郵便受けが目にとまった。

　家まで続く小道沿いには，丸太が積みあげてあり，枝や根がブルドーザーによって押しのけられ，こんもりと盛られていた。積みあげられた松の太い枝や根っこは，火がつけられてくすぶっていた。痩せた若者が近くでそれを見守っていて，手は松ヤニと灰で真っ黒だった。

　ジョーは声をかけてみた。「こんにちは。私はジョン・ミュアーの足跡をたどっていて，彼の家の跡を探してるんだけど。昔の建物の一部でも残っているのを知らないだろうか？」エリックが答えた。

　「やあ。ここが家の建っていたところなんだが，当時の建物はまったく残ってないんですよ。この新しい家は同じ場所に1900年頃に建てられたものなんです。でも，面白いものをご覧になりたかったら，こちらに来てみませんか。」

　エリックは湖を見下ろす2本の大きなライラックの木を指さした。ジョンの妹のサラが1849年にスコットランドから持って来た枝を挿し木にして育てたものだった。一家は大きな家を建てる前に住んでいた丸太小屋の両脇にこの木を植えていた。サラにとって，この木は祖国への思いを忘れないためにとりわけ大切に育てられていたものだった。

　ジョーはエリックに会え，うれしくてたまらなかった。ついに，ファウンテン湖に対する自分の熱い思いを語りあえる人を見つけたのだ。

　「このあたりに住んでいる人のほとんどはミュアーがどれほど重要な人物だったかわかっていないんです。」エリックは言った。「しかも，ミュ

アーのことを知っている人ですら，この湖が彼にとってどんなに重要な意味を持っていたか理解していないし，ミュアーは亡くなるまでずっと，この場所を愛していたんです。彼は，湖が自然の洗礼を授けてくれたと言ってるんですよ。ミュアーが湖を守るために何度も農場を買い戻そうと試みたことを知っていますか？　このことがきっかけで，国立公園として保護することに関心が向きはじめたという説もあるんです。」

「君はここで何をしようとしているんだい？　ミュアーみたいにここで農業をするつもりかい？　それで，木を切ったんじゃないの？」

「違いますよ！」エリックは叫んだ。「ミュアー自身，自分たちの農業のやり方を憎んでいたんですよ。彼らが初めてやってきたとき，つまりカシの木を切り倒す前までの，このまわりを取りまいていた，美しい花や鳥や動物たちを死に追いやってしまったんですから。ミュアーはここをもっと自然に近い状態にしておきたかったと思うんです。だから，僕は植林の松を切って，草原に生えてる草の種とカシの苗を植え，彼がここに来たときと同じように復元しようとしてるんです。」

二人は古いカエデの大木の陰を並んで歩いた。ジョーは尋ねてみた。「君はどうしてここにもとの家が建っていたってわかったんだい？」

「そうですね，パズルの断片をつなぎ合わせていくのは，本当にワクワクする作業でした。手始めに，彼が家のことを記した記録をすべて読んでみました。でも，確かなヒントになったのは，ミュアー自身が小屋の屋根に登って描いた家や湖のスケッチだけでした。僕はランドスケープの専門家ですから，史跡や植生にとても興味があるんです。これらのスケッチや古い地図，航空写真から証拠をつなぎ合わせていきました。それに，このあたりに古くから住んでいる方々と話をして，カシでできた古い小屋のそばに植えられたライラックを見つけたんです。」

「君はこの場所を復元するために着々と計画を進めているんだ。もとに戻すのに何年ぐらいかけるつもりなんだ？」ジョーは感心しながら尋ねてみた。

「長い年月がかかるでしょうね。カシの木が完全に育つには何年もかかりますから。でも，来年のミュアー生誕150年の記念行事までには，いくつかの企画をやってみたいんです。僕はこの計画に多くの労力と貯金をつ

ぎこみました。草原を自然に戻すための援助や，昔の建物を復元するための労働力が得られたらいいんですが，何か良いアイディアをお持ちじゃないですか？」

　ジョーとエリックは話しこんでしまい，知らぬ間に１時間が過ぎてしまっていた。二人はアイディアを寄せあい，連絡を取りあうことにした。ウィスコンシン歴史協会とかシエラ・クラブ，あるいは国立公園の事務局が手を貸してくれるかもしれなかった。ミュアー家の敷地の復元作業や生誕150年の記念行事は歴史に残る事業だ。

　「興味を持ってくれる人たちは他にもきっといると思うよ。たぶん，これは国立公園局に掛けあってみるべきだよ。ジョン・ミュアー協会というような新しいグループを立ちあげることだってできるかもしれないし。そうなったら，ミュアーのことをより多くの人に知ってもらったり，記念行事の後援もできるぞ。」

　「僕もそう考えていたんです。ミュアー生誕150年の記念切手の発行を提案する手紙をアメリカ郵政局長宛に送ったこともあります。２〜３週間のうちに，エルダーホステル協会がファウンテン・レイク・ファームの見学にやって来ます。僕たちがファウンテン・レイク・ファーム友の会と呼んでいる組織に入ってくれるかもしれません。彼らがこれからも続けてここにやって来て，草原の復元を手伝ってくれたらいいのですが。」

　「僕が国立公園局に電話をしてみよう。この場所の保存に関心を持ってくれるんじゃないかな。きっとファウンテン湖の保全というミュアーの夢の実現を手伝ってくれるはずだ。」

　ジョーは太陽に目をやった。夕暮れまでそれほど時間がなかった。同じように，この場所に残された時間もわずかしかない。

　「できたら９月にもう一度会おうじゃないか」とジョーは申しでた。「その頃，コロラド州で自然環境に関する世界規模の会議があるから，この場所のことを多くの人たちに伝える良い機会になるだろう。この地域の保存を求める下院決議案だって得られるかもしれないし。」

　ジョーは，そよ風にふかれながら，きらきら光る湖を眺め，志を同じくする人にめぐり会えた喜びや強い意志，ミュアーの精神など，今日一日の出来事を振り返り，考えにふけった。ジョーは自分がジョン・ミュアーの

歩んだ道に足を踏み入れていることを自覚し，この大切な場所を守るために，エリックと共にミュアーと同じ道筋をたどっていく決意を固めた。二人はミュアーが他の地域を保護するときに使っていたのと同じ戦略を採ることに決めた。

　他に協力してくれそうな人に連絡し，議員へも手紙を書いたり，ロビー活動をすることにした。

　別れ際に，二人ともこれからの道のりを確かめあった。最後にエリックがこう言った。

　「互いに連絡をとりあい，できることの知恵を出しあいましょう。」

活動マニュアル

目　的：地球を守るためのビジョンを構築し，それを実現するために実行に
　　　　移す。

年齢／人数／場所：この活動は一人の大人を対象としてデザインされていますが，ティーンエイジャーやご家族でも応用することができます。

進め方：あなたは野外に関するどのような夢をお持ちですか？　あなた自身の〈センス・オブ・ワンダー〉を見つけるなんていかがでしょう？
　　　　心からの声に耳を傾け，地球に対するあなた自身の関心や興味に気づいてください。
　　　　書物を読みながら，このようなビジョンを静かに考える時間を持ちましょう。地球の代弁者たちが書き記した書籍や行動から多くのことを学んでください。
　　　　あなたのビジョンは，シガード・オルスンやジョン・ミュアーのように長い距離を旅することでしょうか？　レイチェル・カーソンのようにコテージを探し求めてみますか？　アルド・レオポルドのように古い農地を再建してみることですか？
　　　　自然のなかにどっぷりと浸ることで，地球の代弁者たちが見つけ

た真理を共有することができるでしょう。オルスンは何冊かの本を書き残しましたし，ミュアーはシエラ・クラブを設立しました。カーソンの『沈黙の春』は，多くの人たちの認識を変えることになりました。レオポルドの土地管理に関する考え方は，米国林務省の政策を劇的に変えることにつながりました。

あなたのビジョンを友人や家族に話し，地球についてどのように感じているかを聞いてみましょう。特に，子どもたちには耳を傾け，彼らが感じたことが大事なんだという認識を持たせましょう。子どもたちのビジョンは，とてもシンプルで純粋そのものです。

たとえ，生活のために仕事に追われていても，心のなかにはビジョンを持ち続けてください。そして，意見を交わし，本を読み，講義を聞き，野外で過ごすことによってそのビジョンをあたためてゆきましょう。

そして，実行に移してゆきます。長期間，自然のなかを旅するような休暇をとってみたり，庭の芝生の一部を掘り起こして大きな菜園にしてしまうとか。それとも，あなたが夢として持ち続けていた小さなキャビンを購入してみるとか。ビジョンに従って，あなたの情熱が育まれていくのを感じとってください。夢の実現に向けて自ら行動を起こすとき，私たちは皆，地球の代弁者となれるのです。

アクティビティー：地球を大切にする

1. あなた自身の〈センス・オブ・ワンダー〉の原点を探ってみましょう。両親や子ども時代の友だちと話をし，あなたが幼かったときに大切にしていた場所やもの，やっていたことを一緒になって思い出してみましょう。

2. あなたのお気に入りの自然や史跡を選び，その歴史や自然の重要性や将来の姿を調べてみましょう。

3. 地域の環境団体に積極的に関わっている会員を訪ね，話を聞いてみまし

ょう。ライフスタイルやビジョンなどについて尋ね，あなた自身の生活やあなたにもできる行動を検討してみてください。

4. 環境に対して人一倍関心を持っている家庭や近所の人を探してみてください。そして，自然に興味を持つようになったきっかけを聞いてみましょう。

5. あなたが読んでいる新聞の編集長に，地元の自然保護主義者の連載や記事の掲載について相談してみましょう。

6. 近くの森や湿地，草原に生息している生き物に詳しい人と話をし，その回復のプロセスや保護の効果について聞いてみましょう。また，ボランティア活動に参加してみませんか？

7. サウスダコタ州ブラックヒル，アリゾナ州クリフ・ドウェリングス，スペリオル湖のマデリン島，ミネソタ州パイプストーン国立記念碑といった先住民の聖地を訪ね，その土地のスピリットを感じてみてください。あなたのまわりの土地を聖地のように大切にしてください。

8. 地球の代弁者の誕生パーティーをしてみましょう。友人やあなたの家族を集め，食事をし，彼らの作品から詩や散文を読み，その生涯をかけて取り組まれてきた活動と同じようなことを地域で計画してみましょう。シガード・オルスンは4月4日，レイチェル・カーソンは5月27日，ジョン・ミュアーは4月21日です。

9. 人生を歩むうえで，あなた自身の「地球への誓い」を立ててみてください。あなたの土地に対する決り事をご家族で作ってみましょう。

10. あなたの住んでいるところが50年，100年後にこうなって欲しいと思っていることを友人に日記や手紙で伝えてみてください。

知っていましたか？：あなたも地球の代弁者になれるのです

　　風が大木を吹き倒し
　　雲一つない空に朝日が昇るとき
　　わが闘争を戦った友人を思う
　　やつらは挫折し，去ってしまった
　　今，誰がこの土地を愛してくれるだろうか
　　誰が，私たちの理解者となってくれるのだろうか
　　誰が，あの空を支えてくれるのだろうか
　　すでに，大木が倒れているのだとすれば

　ダグラス・ウッド『アース・ソング・ブック』の中の「倒れた大木たち」。
　私たちが書いたこの本の魂は，風のささやき，夜のコーラス，川の流れに耳を澄ますこと，まさに，この地球からの授かりものということができます。こういった自然の鼓動は，地球の代弁者にとっての試金石であり，道しるべでもありました。この本のなかで，ダグラス・ウッドが「大木」と呼ぶようなさまざまな地球の代弁者たちを取りあげています。
　ジョン・ミュアー，アルド・レオポルド，シガード・オルスン，レイチェル・カーソンといった人たちの誰もが，地球そのものやその保護に対して，自発的な情熱に駆られていました。自然への愛は年を経るうちに先鋭になってゆき，考え方，行動，人とのつながりにおいても一つのものになってゆきました。
　その他にも，地球の代弁者と呼ぶのにふさわしい人はたくさんいます。
　政府が部族の土地の購入を迫ったとき，ワシントン州のデュワミシュ族のシアトル酋長はピアース大統領に宛てて手紙を送りました。彼は，地球は買ったり売ったりできるものではないと訴えたのです。地球はワシントンに譲り渡さなければならないものではなく，創造主からの預かりものなのだ。さらに，「地球にふりかかるものはすべて，地球の息子たちにふりかかるのだ」と警告しました。
　メリー・ハンター・オースティンは，「謎に満ちた砂漠の魅力は，目に見えない生態系のつながりの物語そのものなのだ」と言い，今世紀初めの南西部の砂漠地帯の擁護者となりました。その土地と先住民への思いは，彼女の

著書やライフスタイルのなかに語られています。オースティンは人類と地球とのあいだのバランスについて語っていたのです。

　その他にも，あなたもそうだと思いますが，管理人と呼ぶにふさわしい人たちが大勢います。地球の管理人として，環境に敏感な大木のようにそびえているのです。耳を澄まし，あなた自身の気づきに心を開き，愛に満ちた地球への情熱をわかちあってください。

「わが闘争を戦った友人を思う
やつらは挫折し，去ってしまった。」
　　　　　　　　　　　　ダグラス・ウッド

「誰が，あの空を支えてくれるのだろうか
すでに，大木が倒れているのだとすれば。」
　　　　　　　　　　　　ダグラス・ウッド

情　熱

気づいたことを
行動へ

16. ブルドーザーと委員会室

　ほとんどの人が，環境を守るための行動を計画的に始めているわけではないのです。何かを身近に感じてから，行動を起こそうという気になるのです。多くの方法を知っているわけではありませんが，熱意だけは人一倍あるような人たちですから，援助や指導者を一生懸命探そうとします。
　環境行動主義は，つまり，地球のために戦い，地球を保護するために戦うことは立派な行動だと言われています。
　争議の場は議会や会社の役員室やブルドーザーの前といったところでしょうか。武器となるのは請願書，電話，スピーチ，周到な調査，資金や腕力といったものかもしれません。しかし，立ちあがることが重要なのです。というのも，そうしないと計り知れないものを失ってしまうことがあるからです。
　アンは地域にある空港の拡張を阻止するために立ちあがりました。彼女は助けを得る方法を学び，多くの環境主義者に勇気づけられました。

おはなし：ブルドーザーと委員会室

　ミネソタ州デュルースのパーク・ポイント地区は世界最長の淡水域の砂州の一つです。幅は狭いが，長さは6キロにも及ぶこの砂州は，砂地に生える草やアメリカハマエンドウ，それと数えるばかりの樹木だけで支えられています。一帯は魅力的な住宅地にもなっていて，夏にはレイク・スペリオル市の人々の憩いの場となっているところです。

　アンとその家族や友人は，果てしなく続く砂浜を愛し，毎年，夏になるとやって来て，湖で泳いだり，ボートに乗ったり，日光浴をしたり，船をながめながら楽しく過ごしていました。冬には，孤独を求めて氷に閉ざされて静まりかえったパーク・ポイントを見にやって来たりしたこともありました。

　「本当に松林が切られちゃうの？」デュルース・オーデュボン協会の仲間から，パーク・ポイントの端の小さな飛行場の拡張工事案に関する説明を聞き，アンは信じられないといった表情でこう尋ねた。アンはデュルース・オーデュボン協会の会長だったので，バードウォッチング仲間からこの話を聞かされたのだった。全員の思いは一致していた。パーク・ポイントは砂州のなかでももっとも風景の美しい場所の一つだし，最高のバードウォッチングのポイントだった。というのも，砂丘の上に広がる小さな松林は渡り鳥にとって絶好の隠れ家となっていた。

　工事の計画は，連邦航空局の安全基準に合うように滑走路を延長し，誘導灯をとりつけるという内容だった。当初の計画では，松林を1エーカーほど切り開かなければならず，湿地の一部が埋め立てられることになっていた。

　その計画はデュルース市議会にすでに提出されていた。アンは，市議会が開かれる前に1時間の証言が持てるように企てた。メンバーは彼女の他に，生態学者と文学者がそれぞれ1名，バードウォッチャー，地区の住民，その他のオーデュボン協会員で構成されていた。

生態学者であり，アンの夫でもあるデーブは，パーク・ポイントの植生がたぐい稀なものであると市の評議委員に説明した。浜辺と砂丘は五大湖の植物群落の西の端に位置し，松は，かつてその地域全体に群落が広がっていた名残だった。デーブは評議委員に警告した。「この幅の狭い林はいつも強風にさらされています。木立の一画を切り払ってしまうと，その内側に生えている松が強風による被害を受けやすくなってしまうのです。」オーデュボン協会の会員たちは，いかに小規模の破壊であっても，生態系に重大な影響を与えうることを示す事例を引合いに出し，この地域のふたつとない美しさを守るよう，感情に訴えかけ，請願を強めた。

　安全性と資金，この２点が空港当局の持ちだした論点だった。工事をおこなえば，スカイ・ハーバー空港は国の安全基準を満たすことができ，拡張工事費が国から下りることになる。これに異議をとなえるのは簡単ではなかった。

　アンとオーデュボンの会員たちは妥協案を提示した。アンたちは安全の重要性を認めることにしたが，５メートル以上の木以外は切り倒さないよう要求した。そうすれば湿地は守られる。また，この妥協案では，松の移植を制限し，もとの植生と同じように木を植え直すように求めていた。妥協案は受け入れられた！　工事関係者がやってきて，松を数本だけ切り，湿地帯の高い木だけを移植して，照明灯を立てた。やっと，この論争はおさまった。

　しかし，物語はまだ終わっていなかった。審議会における激しい論争から３年後，松林の破壊状況について，デーブが最悪の事態として予言していたことが本当になってしまった。猛烈な６月の嵐で多くの松の木がなぎ倒されてしまった。滑走路横の木が切られてしまったために弱くなっていたからだ。もし，最初の案通りにしていれば，恐らくすべての松の木が一回の嵐でなぎ倒されてしまい，飛行場は完全にスペリオル湖の猛威のなすがままとなっていたことだろう。

　アンとデーブは被害を調査するために浜辺に沿って歩いてみた。マッチ棒とりのゲームで，ひどい失敗をしたみたいに，30メートルもある松の木が10本以上も乱雑に倒れているのを見て愕然とした。移植の効果を探し求めて，夫婦は照明灯に向かって歩いたが，ひざくらいの高さの木がぽつん

ぽつんと生えているだけだった。どうみても名ばかりの仕事としかいいようがない。

「まったく腹が立つわ。」アンはデーブに言った。「空港当局は妥協案のとりきめを誠実に守ってなかったのね。」そこで，アンは不本意ながら，愛するパーク・ポイントを守るための戦いを3年ぶりにふたたび始めることにした。

アンは，大規模な移植の約束を守っていない空港当局を動かすため，嵐の被害をうまく使うことにした。新聞の編集者宛に手紙を書いたり，空港当局へ電話をかけたりしたのをきっかけに，再植樹の計画を提案するためにデーブと共に働いてくれるランドスケープの専門家を雇うことにした。

一方，さらに大きな問題が残っていた。別の空港拡張計画が砂州の端の土地をさらに脅かしたら一体どうなることだろう？　これは，デュルース・オーデュボン自然保護委員会が市の審議会とのあいだで妥協案を結んで以来，ずっと気にかけていた点だった。

この3年間，自然保護委員会は自然科学研究地区，あるいは自然保護地区としてパーク・ポイントの端の地域を指定する案を推し進めようと，州議員に働きかけてきた。しかし，地元の自治体はこの規制の多い指定には乗り気ではなく，州の申し出を断った。結局，ただちに拡張工事がおこなわれる心配もなかったので，自然保護委員会はこの問題を放っておくことにした。アンもまた，先の問題についての心配は忘れようという気になっていた。そんなとき，アンはある話を聞き，態度を変えた。

アンはネイチャー・コンサベンシーのミネソタ支部長，ペグ・コーリングとは以前からの活動仲間だった。あるとき，アンはミネソタ州南部の小さな草原地帯について書くためにペグに話を聞くことにした。研究熱心な根っからの植物学者であるペグは，草原を守るために，どんなふうに戦わなければならなかったかを語ってくれた。

「私は活動家になるつもりなんてなかったのよ。でも，18歳の時，自然センターに送る種を集めに草原に行ったら，ブルドーザーが私の収集場所を掘り返してるのに出くわしたの。」ペグは運転手の注意を引こうと，飛んだりはねたりした。「彼は，ただていねいに手を振るだけ。私は余計に頭にきてしまったの。それで，ブルドーザーのそばまで歩いていって，怒

鳴ってやったわ。そしたら，運転手は関心を示してくれて機械を止めてくれたの。」
　痩せっぽちの金髪の少女はブルドーザーの運転手に話しかけた。「ここは今までに誰も開墾したことのない草原よ。掘り起こしたりしちゃ駄目じゃない。」運転手はニヤニヤしていた。
　彼女は辛抱強く続けた。「町の喫茶店でコーヒーでも飲みながら，どうしてこのあたりの草原を掘り起こしちゃ駄目なのか教えてあげるわ。」運転手は，その日の仕事を終わらせ，ペグと一緒に喫茶店に行った。
　ペグは草原の大切さを詳しく説明した。そして，彼は最後にこう言った。「いやあ，俺の決められることじゃないからね，お嬢さん。地区の技術員に電話してみなよ。」
　1時間後，ペグは鉄道会社の地方管理事務所の会議室につかつかと入っていった。「草原をあんなにたくさん掘り返してどうするつもり？」彼女が強い口調でこう尋ねると，立派な口ひげの男が青い目を鋭く光らせて言い返した。
　「私どもの敷地に不法で侵入して何をするつもりなんだ？」男は目の前の運動家をあざ笑った。しかし，ペグと一緒に草原を見にいくことを約束してくれた。
　丸1日，現地で過ごしてようやく，ペグは，掘り起こされている場所の多くが貴重な草原地帯だということを技術者に納得させた。一方，彼は，列車の運転手が視界を確保できるように茂みを切り払うことがいかに大切であるかをペグに納得させた。二人は，それぞれ固有の植生からなる4つの地域を保護することで合意した。鉄道会社の担当者は，ブルドーザーで掘り起こさないことを約束し，ペグは茂みを手で刈ることに同意した。ペグは何時間も大変な手作業をすることになったが，双方とも，この妥協案に満足だった。その後，ペグはこの草原地帯をネイチャー・コンサベンシーの自然保護地区に認定させ，この若き植物学者はネイチャー・コンサベンシー中西部地区の史上最年少の支部長となった。
　「ペグは草原を守るために茂みを手で刈っているんだから，私だってパーク・ポイントを永久に守るために事務処理にこつこつ取り組んでいくことくらいできるはずよね」とアンは考えた。アンは，市議会で激しい論

争をくりひろげてから4年後，陳状の手紙を書くよう呼びかける運動を始めることにした。

　決意の後，アンは，湖岸地区の開発されていない場所を保護する目的の国の法律にパーク・ポイントが対象として含まれるように10数通の手紙を書き続けた。アンには味方をしてくれる下院議員がいて，この問題に取り組んでいる国の環境審議会もパーク・ポイントのことをよく理解してくれていた。しかし，アンは愛する砂州の自然の美しさを保つために7年間にわたって戦ってきたとはいえ，長期的な成功を収める自信があるわけではなかった。

　それでも，アンはさらさらの砂浜から，自分を誘惑するようなスペリオル湖の波に向かってカヤックを漕ぎだすたびに，パーク・ポイントがかけがえのない宝物であることを実感した。また，パーク・ポイントで子どもたちと泳いだり，砂のお城を作ったりするたびに，未来は大切で，自分も未来を作っていく手伝いはできるはずだと，あらためて確信し，パーク・ポイントを永久に保護するように訴え続けた。

活動マニュアル

目　的：環境への悪影響が懸念される出来事に取り組む。

年齢／人数／場所：制限はありません。あなたの取組みは，地域の問題だけで収まらず，国全体，地球全体に及んでしまうかもしれませんね。

道　具：電話，手紙，移動手段，ファックスやEメール。

進め方：あなたの血が騒ぐような環境問題を見つけてください。
　　　　問題の輪郭をはっきりさせてくれるような，専門的な知識を持った科学者，農業関係の職員，州や連邦政府の土地管理者，技術者といった専門家と話しあってみましょう。脅かされている公益や価値とはいったい何でしょう？　誰がこの問題の鍵を握っているのでし

ょう？
　この問題に責任を持っている市の担当者や開発業者に直接会ってみてください。また，あなたの関心を代弁してくれそうな団体を見つけてください。「知っていましたか？」を参考にして，団体を探してください。
　権限を持っている議員に直接会って話をしてみましょう。議員は，有権者からの電話に応えてくれるはずです。
　もし，電話では十分ではないと思われるようなら，直接会う約束を取りつけましょう。あなたが，この問題に関心のある多くの市民の意見を携えて会いに行くことができれば，議員もそのための時間を割いてくれる可能性が高くなるということを忘れないでください。
　活動方針を決めましょう。訴状の提出，公聴会の要求，新聞記者を味方につけ，新聞の編集者に手紙を書き，独自の組織を立ちあげたり，公聴会で証言するといったことが必要になってくるかもしれません。
　以下に，議員に手紙を出すときのポイントを説明しておきます。
■個人や会社の住所・名前が書かれた封筒を使い，手紙と封筒にはあなたの返信用の住所を書いておきます。
■あなたが問題としているポイントを明確にし，一つの手紙には，一つの話題だけを書くようにします。もし，あなたが立法化に向けた手紙を書くのなら，上・下院での議案の名称と番号を明記すること。
■手紙を出した理由を簡潔に述べ，あなた自身の感想を付け加えます。その問題に関わるようになったあなたの動機や，どうしてその議員が関心を持たなければならないのかといった点について，あなた自身の言葉で説明するように。
■簡潔に。50〜100字程度の手紙なら，読む方も書く方も簡単です。
■返信には，代表者や上院議員の見解を記入するように頼みます。あなたの議員は，あなたのために働いているのだということを忘れずに。
■手を貸してもらったお礼は忘れずに。
■最後に，とことんやり抜いてください。議員への一回きりの電話や開発業者への一回きりの手紙ではうまくゆかないでしょう。あな

たの手紙はいともたやすくファイルに綴じ込まれてしまうだけです。粘り強さは成功への鍵ですし，その責任もあるのです。

アクティビティー：環境行動主義

1．春や秋におこなわれる地域や公園の清掃を計画し，実行してみましょう。

2．ウィルダネス協会，グリーンピース，アースファースト，オーデュボン協会，シエラ・クラブの会員になり，全米規模の環境グループの活動を支援しましょう。また，地域で活動している自然保護グループを調べ，ミーティングに参加するかどうか検討してみましょう。

3．エコキッズのような子ども環境クラブを作り，地域のごみパトロールを計画してみましょう。素敵なバッジをデザインしてみては？

4．環境関係の本をもとにして議論するために，数人の友人と茶話会を作ってみませんか。とっかかりとして『地球を救うかんたんな50の方法』を取りあげてみてはいかがでしょう。

5．公園のボランティア活動に参加してみましょう。市，郡，州，国立公園に連絡を取ってみてください。

6．国立公園のプログラムに参加してジュニア・ナチュラリストになったり，ボーイスカウト，ガールスカウトに入ってネイチャーバッジをもらいましょう。

7．公害の兆しに気づいたなら，担当部局と連絡を取りあい，原因究明の手助けを求めましょう。

8．公園に感謝する日を作りましょう。

9．環境問題に関する公聴会に出席してみましょう。できれば，子どもたちと一緒に。

10．リサイクル・センターで1日ボランティアとして働いてみたり，ピクニックやスポーツ大会，コンサートではリサイクルのコーナーを設けてみましょう。

11．環境に悪い影響を与えそうな開発の提案やイベントを阻止するための行動を組織してみましょう。

知っていましたか？：多くの人が活動しているのです

　この物語のなかで，ペグ・コーリングは直接開発業者へと足を向けさせました。このような手段をとるには，自分自身の考えに自信がなければできません。ほとんどの人は，地球上で起こっている問題に立ち向かうために，環境グループの援助が必要でしょう。
　とっかかりとして，地元にあるシエラ・クラブ，オーデュボン協会，イザーク・ワルトン・リーグなどの支部を訪ねてみてはいかがですか？　全国規模で活動している環境団体は，各地方支部への申し出に対してかなり専門的な知識を提供してくれますし，ワシントンD.C.や多くの州議会で運動するロビー活動のスタッフを抱え，地方の違法な行為に対して，例えば水質浄化法といった国の法律をどのように適応させながら戦えば良いのかといったことに熟知しています。さらに，応援してくれるスタッフや資料を手元にそろえています。ほとんどの組織の連絡先は電話帳を見ればわかるでしょう。
　地方で活動しているグループの場合，全国的なロビー活動には結びつかないでしょうが，地方の有力者や知合いが多くいるものです。たとえ電話帳には載っていなくても，名前や連絡先は役場やその手の友人に相談してみれば簡単に見つけることができるでしょう。
　全米の2500万もの人たちが，地下水の汚染問題から野生物保護といった問題に何らかのかたちで関わっていると推定されています。
　どのようにして環境グループを選べばいいのでしょう？　そのグループが

地元で活動するグループであったり，全国組織の地方支部であっても，一度ミーティングに顔を出し，ふさわしいかどうかを見極めるのがもっとも良い方法でしょう。会員になっている人に話を聞き，その組織が取り組んでいるプロジェクトについて説明してもらってください。もし，あなたが全国組織の会員になることを決めたなら，申込書に記入し送付すればいいだけです。
　国際的な環境保護グループの一つグリーンピースは，現在100万人近くの会員がいます。ここ2～3年のあいだ，いくつもの国際的なグループが，私たちの地球で起こっている危機に関する興味深い声明を出しています。
　最近，多くの環境団体が共同で活動をおこなうようになったことは注目すべきことです。1988年には，『環境のあらまし』を作成し，ジョージ・ブッシュ大統領に提出しました。また，多くの環境団体は1989年にアラスカで起こったオイル流出事故のときも協力しあいました。
　地球上で起こっている問題に立ち向かうために，環境グループの援助が必要になっています。

　　　　　　　地球上で起こっている問題に立ち向かうために，環境
　　　　　　　グループの援助が必要になっています。

　　　　　　　多くの環境団体が共同で活動をおこなうようになった。

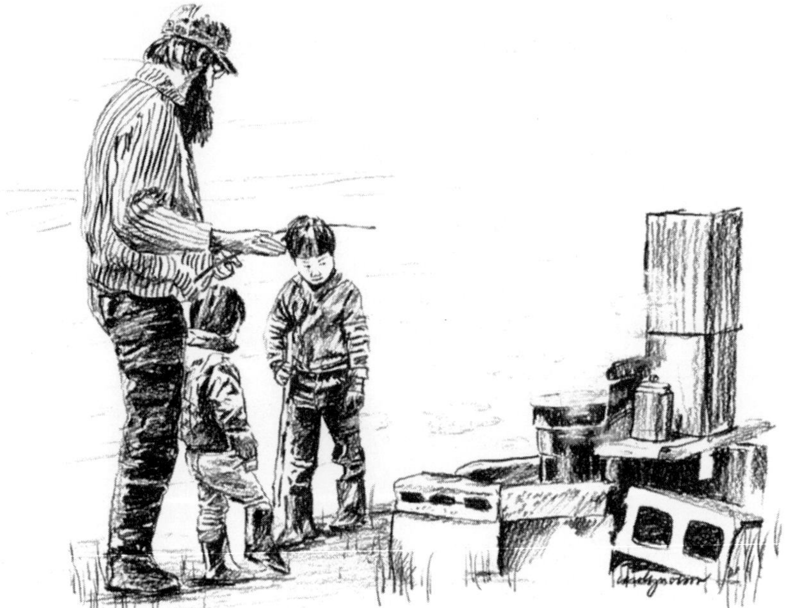

情　熱

エコロジカルな
ライフスタイルを
わかちあう

17. 地球にやさしいライフスタイル

　大地と向きあって暮らしてみれば，あなたと地球は愛しあう二人のように一体となって生活を始めるようになることでしょう。11月のどんよりとした日の，森のなかの微妙な変化や雪原にしるされたわずかな足跡，マリーゴールドが群生する湿地の新たな命の脈動，ツルを伸ばしていく豆のありがたさといった自然現象に気づくようになることでしょう。あなたは地球の変化に敏感になり，優しく暮らすことを誓うはずです。

　世界中の都市や田舎町に地球にやさしいライフスタイルが定着してくれば，人々は明かりを消し，水を節約し，公共交通機関を使い，リサイクルをこころがけ，化学薬品を使わない庭を育てるようになるでしょう。この物語では，若い夫婦がより地球のことを考え，シンプルなライフスタイルをとるための方法について，近くの老人と親しくなりアドバイスを求めてゆきます。

おはなし：地球にやさしいライフスタイル

　マリーナとデビットは暖房器に腰をかけていた。
　「ほら，後ろのパイプにもたれかかってごらん。」
　「それ冗談？」マリーナは，72歳になる友人がふざけてるんじゃないかと，しげしげと見つめながら尋ねた。
　「いいや，わしは大真面目だよ。あそこがこの家の中で一番いい場所なんだ。」
　マリーナがそっとパイプにもたれかかると，背骨の一つひとつに暖かさが伝わってきた。彼女は幸せそうだった。
　「ねえ，デビット，やっぱり冬がいいね。」マリーナは溜息をついた。「いつも，こんなふうにだらだらと家で過ごしたいわ。」
　デビットは笑いながら返事をした。「その通りだよ。わしは，おまえさんが今言ったことを一度どころか，もう何千回も口にしてきたよ。薪ストーブの一番いいところは，冬将軍と一緒に家に閉じこもりながら，のんびりできる完璧な言い訳が作れるということなんだ。」
　二人でくすくすと笑った。デビットは，第2次世界大戦を除いて，ウィスコンシン州ベイフィールド郡から一歩も外へ出たことがなかった。一方，マリーナは故郷のミネソタ州北部から100キロあまり東へ離れたウィスコンシン州北部へ来て暮らしていた。デビットは彼女に接するときはやさしく，何か通じあうものを感じていた。
　ちょうどその時，結婚して30年になるデビットの妻が夕食を持って台所から出てきた。
　「ホーリー，おまえは魔法使いみたいだな。」デビットは優しく言った。「おまえの作った，このごちそうといったら！」
　実際，素晴らしいごちそうだった。すべてのものが自家製だ。夏に庭で収穫したジャガイモ，豆，にんじん。デビットの弟のハーベイがその日の朝，釣ってきたスペリオル湖の白身魚，そして……。

「ビスケットはどこへやった？」デビットが眉をひそめると，ホーリーが言いかえした。

「騒がないでちょうだい，デビット。忘れてませんよ。グラントがオーブンから出してくれてるところよ。」

「ビスケットにつけるメイプルシロップを忘れないでくれよ。」デビットはマリーナの夫に声をかけた。

この50年というもの毎年春になると，デビットとホーリーは自家製のメイプルシロップを作った。ここ数年は，グラントとマリーナ，その他に大勢の友人が，このスペリオル湖を見下ろす尾根に広がる40エーカーのカエデの林で，デビットとホーリーの手伝いをしていた。

樹液を煮詰めるのに使う小屋は，デビットが1936年に杉の丸太で建てたもので，結婚してから2，3年のあいだ，ホーリーと一緒にそこで暮らしていたことがあった。

全員，頭をたれて祈りを捧げた。満腹になり，身体の内から暖まった。紅茶が運ばれ，また会話がはずんだ。

「君が建ててる小屋の話をしてくれないか。」デビットがグラントに言った。

「小屋は八角形にして，太陽熱を利用するんだ。」とグラントは話し始めた。グラントは伝統的なログハウスを建てるのが夢だが，太陽熱利用のための設備と地下の避難所を採りいれることにしたのだ。

「そりゃ，すごい。どんなふうに木を組むつもりなんだ。」

「それはね，2カ所平行にV字型の切り込みを入れるんだ。しっかりはめ込めば，隙間もできないはずなんだ。」

「窓はどうするのかね？ 窓をはめ込む前に，ツー・バイ・フォーのほぞを入れて丸太を組んでおくことは説明したことがあったかな？ そうしておくと，家が落ちついてきたときに面倒なことも起こらないだろう。」グラントとマリーナは熱心に耳を傾けた。デビットは若い頃に丸太小屋を2，3軒たてたことがあった。二人は学ぶべき仕事のコツがたくさんあることを感じた。

デビットとホーリーは，メイプルシロップ作りにしろ，タマネギの皮やマリーゴールドを使った毛糸の染色にしろ，自分たちのしていることすべ

てを楽しんでいるようだった。二人とも，勤勉かつ正直，日の出と共に起き，夕暮れと共に寝る，という開拓者精神のなかで育ってきたのだ。ホーリーはミネソタ州西部の小麦畑のなかで生まれ，その後，ノースダコタ州の草原に囲まれて育った。デビットの家族は1856年にベイフィールドへ移住してきた。東部に住む医者が「デビットの肺病には，松やバルサムの木の香りのする空気がよい」とデビットの祖父に勧めたからだった。

「わしらはできそうなものには，片っ端から手を出してきたよ。」デビットは誇らしげに話した。「わしの家族は前の土地を売りはらって，ベイフィールドで材木を切りだして商売をしていたんじゃ。商売で釣りをしたこともあるし，もちろん，趣味でも釣りをしたりもしたよ。コテージを貸していたこともあった。それから，州北部の伐採現場向けの野菜や果物を作る農場を経営したこともあった。親父は何年ものあいだ，ウィスコンシン州のイチゴ王だったんだ。イチゴの最盛期には毎日，貨車に1両半も出荷していたもんだ。」

6月の中旬のイチゴの最盛期に，デビットとグラントはデザート用にイチゴを摘みに行ったことがある。イチゴ畑は，鳥が先にイチゴをとってしまわないように，ネットで覆われていた。

「あれほどの立派なイチゴを見たことがあるかね？」とデビットはいつも尋ねたものだった。

イチゴの苗はこんもりと茂っていて，元気のいいツルが来年の収穫用に移植できるほどに育っていた。畑には雑草もなく，土もこまめに掘り返されているようだった。二人は熟した実だけを摘んだ。

「これがおいしく食べるコツなんだ。また，次のが熟してくる。」

グラントは，2，3年のうちに自分の小屋を建ておわったら，デビットから技をわけてもらって試してみようと，ひたすら話に耳を傾けていた。

おきまりのデザートのイチゴが待ちきれず，急いで夕食を食べることも時々あった。イチゴが食卓に運ばれてくると，みんなはデビットの方を向き，合図を待った。

「イチゴを味わう前に，言っておきたいことがある。君らのような若い人たちと一緒に過ごせることが，ホーリーとわしにとっていかにありがたいことか。わしらは本当に幸せ者だよ。」

マリーナはうつむきながらこう思った。「とんでもない，恵まれているのは私たちの方だわ。」
　「さて，いいかな。」デビットは始めた。「わしよりたくさんショートケーキを食べることができた者には，イチゴをひと包みやろう。それから，上にかけるアイスクリームはけちけちしちゃいかんぞ。わしは子どもの頃，朝起きたら最初に，夕食用のアイスクリームを3ガロンもこねたもんだ。思うに，わしは同年代の誰よりも多くアイスクリームを食べているはずだ。その自信があるぞ。」
　夜更けにグラントとマリーナが家に帰ろうとして玄関を出たとき，デビットがひと包みのイチゴをグラントに手渡した。「年の割にはやるじゃないか。」デビットはグラントの背中をたたきながら，くっくっと笑った。

活動マニュアル

目　的：地球に優しく生きる方法を教えてくれるような人を訪ね，心から地球のことを考えたライフスタイルを身につける。

年齢／人数／場所：もちろん，一人でもかまいませんが，子ども同士，家族，友人たちと協力しておこなうと互いに励ましあい協力しあうことができます。小さな子どもたちの場合は，大人が付き添う必要があるでしょう。この活動は自宅，学校，仕事場などのどんなところでもできます。

道　具：食糧問題，エネルギー消費，交通といった環境に影響するライフスタイルのさまざまな問題を調べてみます。

進め方：ライフスタイルをちょっと変えてみるだけでも，それはあなたの地球への愛情の表現なんです。消費を減らし，木や花を植え，再利用やリサイクルをおこない，地球の傷を癒すためにできることを考えてみましょう。

エネルギー効率の良い住宅に暮らし，自給自足，リサイクル，地球の自然を守っている団体への支援といった，大きな効果の上がりそうなライフスタイル上の課題を探してみましょう。日々の生活や職場で影響を与えている場面を一つ取りあげてみます。

　近所の人たち，生活協同組合や電力会社の職員，環境グループや大学関係の専門家にあなたの計画を話してみましょう。地球に影響を与えているライフスタイルとはどういったことでしょう？　違ったライフスタイルはあるのでしょうか？　「知っていましたか？」を参考にご覧ください。

　行動の変化を持続するには，一貫性が必要です。いろいろな場面でゆっくりとライフスタイルを変えてゆきましょう。あなたの望むようにするには，常に問題意識を持ち，新しい技術や手法を学び続けていくことです。

アクティビティー：地球にやさしい暮らし方

1．地元の電力会社に連絡を取り，自宅や学校，職場のエネルギー監査をおこない，どのようにすればエネルギー使用を減らせるかを調べてみましょう。そして，必要な項目を一覧表にし，優先事項をつけて実行に移してゆきましょう。

2．週や月ごとに節約賞を設け，家族や先生，仕事仲間と取り組んでみましょう。

3．庭で有機的な栽培方法に取り組んでみましょう。例えば，補完しあう栽培種（ある植物は成長を刺激するために，別のある植物を必要とします）を探してみたり，コンポストで作った有機肥料を土にすき込んでみましょう。

4．記念植樹をおこない，いつまでもその世話をしてみましょう。

5．あなただけではなく，鳥やリスなどの餌にもなる植物を植えてみましょう。バラや果樹，ベリー類，スイカズラ，ブドウなどは誰にでも喜ばれるでしょう。

6．庭の一角や近くに適当な場所を見つけ，菜園を作ってみましょう。発芽，苗の移植，水やりに子どもたちも誘ってみましょう。その収穫物で夕食を作ってみてください。

7．ゴミをリサイクルしましょう。残飯をコンポストにして土に返したり，紙は裏も使ってください。ガラス，新聞紙，段ボール，鉄やアルミニュームの缶を対象としたリサイクル条例を通すために市の委員会に働きかけてみましょう。無駄な包装の商品は買わないでおきましょう。

8．学校や職場へは歩いたり自転車で行きましょう。公共交通機関を使い，自動車には相乗りをするように。

9．子どもや友人と一緒に，傷ついた動植物の世話をしてみましょう。食べ物や棲みかを提供し，睡眠をとらせ，必要なら獣医を探してください。このことを通して，傷ついた生き物の世話をしてみたいという思いが自然にわき起こり，地球を世話することにつながっていくのです。

10．地球を祝う休日，アースデーは4月22日，9月23日頃と3月21日頃には昼と夜の長さが同じになります。6月22日頃と12月22日頃は夏至と冬至です。こうした特別な日には，物語や歌，踊りを練習し，特別な食事を作り，地球への捧げ物を考えてみましょう。

知っていましたか？：
地球はあなたの救いを待っているのです

　アメリカには世界の人口の6％しか暮らしていないのに，世界の資源の40％を消費しています。再生できない資源を浪費しているアメリカでは，

「使い捨て精神」をはじめとする態度は，健康な生活環境を維持する地球の能力に脅威を与えているのです。

地下水はアメリカの2分の1の家庭の飲料水として使われ，1980年以来，12％も需要が伸びています。カリフォルニア州の都市ではカナダから水を引いているところもあります。しかし，少なくとも，米国の地下に蓄えられている貴重な資源の3分の1に化学溶剤や自動車燃料が染みこんでいると言われています。

ニューハンプシャー州やロードアイランド州の湖の75％，中西部北方の湖の43％が酸性堆積物によって深刻な影響を受けています。

測定の結果，微粒子や二酸化化合物がアメリカの大気中で増加していることがわかりました。これ以上，樹木や化石燃料（石油，天然ガス，石炭）が燃やされ続ければ，大気中へ二酸化炭素が放出され続け，地球の温暖化や「温室効果」が起こってしまいます。

世界のエネルギー需要は2000年には58％も増加すると予想され，原子力はこの需要に見合うように激増することでしょう。反面，石油や天然ガスや石炭が枯渇してしまうのです。しかし，代替エネルギー（太陽，風力，地熱や水力）の研究や開発にかかる資金は削減され続けています。

ゴミの処理が問題となり続けて，過剰包装，非生物分解性物質の浪費や有害廃棄物（年間70億トン）がこの問題を複雑にしています。

ミネソタ州とウィスコンシン州の天然資源局は内陸湖でとれる魚を食料にするうえでの人体への影響を警告しています。

宇宙開発プログラムは，地球の絶望的な状況を理解するきっかけをもたらしてくれました。地球の軌道上で，宇宙飛行士は暗黒の宇宙で回り続けるみごとな青と白に色どられた地球に目を奪われ，この存在の壊れやすさに心を打たれるといいます。1970年の国連総会の前，アドライ・スティーヴンソン大使の演説は宇宙開発に対するビジョンを変えてしまいました。

「私たちは旅を共にする小さな宇宙船の乗組員であり，空気や土という汚染されやすい資源に頼り，その安全性に私たちの生活が託されているのです。思いやり，働きかけによってのみ，破滅から守られるのです。そして，私は訴えたい。この壊れやすい宇宙船に愛を。」

一人だけで何ができるというのでしょう？　オゾン層の破壊，酸性堆積物や地下水資源の減少に一人で立ち向かえるでしょうか？　答えはそれほど難しくありません。

ともかく，消費を減らすことです。私たちの一人ひとりが地球の資源を使っているのです。それゆえに，その一人ひとりが守ることができるのです。
　ワールド・ウォッチ研究所のレスター・ブラウン所長は，人々や地域社会，経済，環境のニーズを解決するために，ライフスタイルをシンプルなものにしようと考えています。
　環境にやさしいライフスタイルとはいったい何なのでしょう？
　それは，人的・物的資源（食料，燃料，水，野生動物）を保護し，衣・食・住といった基本的な欲求に欠かせないものしか使わないことなのです。再生された資源から作られた長持ちする品を買うこと。捨てる前に，修理，使い回し，リサイクルを心がけましょう。
　環境に配慮したライフスタイルとは，地球の管理者として，あなた自身や他の人たちが学び直すことでもあるのです。公害についての情報を得たり，その問題を軽減するための支援活動を続けましょう。家族にも環境に配慮した暮らしのポイントを伝えてください。
　環境に配慮したライフスタイルとは，社会の成長や進歩や開発といった神話に疑問を持ち，将来こう変わるべきだと主張することです。ゆったりと暮らし，時間を見つけて日々関わりあっている人々や生き物に感謝してください。
　環境にやさしいライフスタイルを取り入れるということは，あなた自身の日常の生活行動や態度を変えることでもあるのです。何を変えるかは，あなたがどんな人で，どこに住んでいて，どんな仕事をしているかによって異なりますし，あなた自身の創造力や創意工夫にも左右されることでしょう。

　　　アメリカには世界の人口の6％しか暮らしていないのに，世界の資源の40％を消費しています。

アメリカで活躍した4人のエコロジスト

　ジョン・ミュアー，レイチェル・カーソン，シガード・オルスン，アルド・レオポルド，この4人は地球への愛と責任感から，世の中を変えるきっかけを作りました。彼らは環境の何たるかを理解し保護することに一生を捧げ，地球の代弁者であり自然保護のリーダーと呼ばれるようになったのです。4人は誰もが，親や友人，教師に育まれてきた好奇心を子どものようにいつまでも失うことなく自然を楽しみ続けました。その探検は自然のなかだけではなく，自分自身への新たな気づきへと発展し，さらに気づいたことをわかちあうことで，行動へとつなげ，文章を書き，地球規模の環境倫理ともいえるものを作りだしてきました。この本が，皆さんを4人が歩んだ道に誘い，皆さん自身の個性的な発想を活かし，「私たちの地球」に対する熱意に満ちた保護活動に取り組まれることを期待しています。

レイチェル・カーソン（1907-1964）

　レイチェル・カーソンはアメリカの海洋生物学者で環境を扱った作家でもあります。海に関する著書や農薬の恐ろしさを描いた『沈黙の春』(1962)は世界中の注目を集め，現代の環境運動のきっかけとなりました。彼女の死後に出版された詩情豊かな『センス・オブ・ワンダー』は，子どもたちを自然のなかに連れだし，〈センス・オブ・ワンダー〉をわかちあうことの大切さを描いた素晴らしいエッセイです。オリジナルの文章は1956年に発行された雑誌に「驚きや神秘さに子どもたちを誘うために」というタイトルで発表されました。

　レイチェル・カーソンは1907年に生まれ，ペンシルベニア州の小さな農家で子ども時代を過ごし，母親に連れられ，自然への興味と好奇心を育みました。大学で生物学と語学を学んだ後，ウッズホール海洋センターで海洋生物学の専門家として働くことになり，人生の大半を全米フィッシュ・アンド・ワイ

ルドライフの記者として活躍し，一般の人たちに興味をわかせるように，科学的な事実と洞察をわかりやすくおり混ぜて書きました。彼女の本は海洋や海辺に対する理解と感謝の念を抱かせると同時に，乱獲や汚染，開発といった地球規模の脅威から資源を守る必要性までをも気づかせるといった大きな影響を与えました。

　レイチェル・カーソンのもっとも有名で議論を引き起こした『沈黙の春』は，ＤＤＴをはじめとした農薬の無秩序な使用に対する警鐘となりました。彼女は生態系における食物連鎖による濃縮された有害物質が人間の健康や環境に脅威を与えると信じていました。この本はアメリカにおける環境運動に偉大な影響を与え，ＤＤＴの禁止をも含む1960-70年代の大きな時代の流れを導き，多くの環境関連法案を成立させ，環境庁や地方の自治体の環境部局を作るきっかけともなりました。

ジョン・ミュアー（1838-1914）

　ジョン・ミュアーはアメリカのナチュラリストであり，探検家，自然保護者でした。彼はヨセミテやグランドキャニオン国立公園を成立させ，原生自然を保護したとして，しばしば「国立公園の父であり，原生自然の申し子」と呼ばれています。彼の著書や説得力のある政治的な行動により，セオドア・ルーズベルト大統領を動かし，自然資源や環境に対する一般の人々の意見や政府の方針を変えるきっかけとなりました。1892年にはアメリカにおける最初の自然保護団体であるシエラ・クラブを創設し，今では世界中に広がる市民レベルの環境保護運動のきっかけとなりました。

　ジョン・ミュアーは1838年にスコットランドに生まれ，11歳のときにアメリカに渡りました。ウィスコンシンでは，家族は森を切り開き，農場を開墾しました。子どもの頃に自然のとりことなり，特にファウンテン湖やその周辺で遊びました。彼の自伝によると，この湖での体験こそが原生自然での〈センス・オブ・ワンダー〉の源泉であり，国立公園というアイディアに気づかせてくれた場所だったと回想しています。ウィスコンシン州立大学を卒業後，工場で働くことになりますが，将来の展望を持つことができず，フロリダ，カリフォルニア，アラスカ，さらに後年には世界中を旅し，日本にも

立ち寄ったこともありました。サンフランシスコ近郊のフルーツ農場で妻と2人の子どもと暮らし，ヨセミテやシェラネバダ山脈を探検し，人生の大半を自然保護に費やしました。

ミュアーは執筆活動や原生自然を守る戦いを通して，自然本来が持っている精神的で審美的，生態学的な価値を守ることと，社会のニーズや経済的な利益のために自然を開発することの矛盾を明らかにするきっかけを与えました。今日でも，この議論は環境保護主義者と開発業者との意見が合わないまま続けられています。ミュアーの戦いの最後の一つはヨセミテ国立公園にあるヘッチヘッチ渓谷の水をサンフランシスコに供給するためのダム建設に対する反対運動でした。ミュアーとシエラ・クラブは戦いに敗れてしまいましたが，この敗北によってその後の活動目標が明確になると同時に，自然保護団体の役割を強化するきっかけともなりました。ミュアーの遺産は世界中の国立公園の創設や原生自然の価値を保護する運動として息づいています。

アルド・レオポルド（1886-1948）

アルド・レオポルドはナチュラリストであり作家，それにアメリカの自然保護運動における非常に重要な役割を担った哲学者でもありました。著書には野生生物の生態を科学的に取りあげた古典『ゲームマネージメント』や自然に関する哲学的なエッセイでもあり新しい環境倫理を扱った『砂原の歳時記』が有名です。レオポルドは「科学的な生態学の父」であり，独自の理論にもとづいた新しい自然保護運動の創始者とされています。生涯にわたり，林務局に勤務し，大学で教鞭をとると同時に，多くの自然保護運動でも勝利を収めました。

レオポルドは1886年にアイオワ州バーリントンの裕福な家庭に生まれました。子どもの頃は，家の近くを流れるミシシッピ川の湿地や森を探検して過ごしました。母は自然のなかで関心を持った物事を子どもと共感しあい，父はハンターやナチュラリストとしての技術を教えこみました。高校卒業後，新しい林学の専門家を目指してエール大学の修士に進みました。その後，林務局に勤め，野生生物や植物，水，土といった自然の生態系への人間の影響といった相互依存関係の理解に取り組みました。1924年にウィスコンシン州

マディソンに移り住み，1933年にはウィスコンシン州立大学の教授に迎え入れられ，アメリカにおける初めての野生生物管理の教授となりました。初めての著書『ゲームマネージメント』は，フィールドにおける古典といわれています。その後亡くなるまでの15年間，教鞭をとり，調査を指導し，次の世代の自然保護者を育て，自分の信じる自然保護の理論を構築しました。

多くの環境団体のリーダーとして，生態系への責任という新しい倫理観にもとづいた活動の必要性を自然保護論者に説き，1935年には原生自然の保護を目的とするウィルダネス協会の結成に加わり，原生自然は科学的，教育的であり精神的な価値があると主張していました。彼が亡くなった翌年の1949年，自然をテーマとしてエッセイ『砂原の歳時記』が出版されました。この本は，1935年に購入した農場の自然を家族と共に復元していくなかで，生態系の回復を描いた物語でもあります。さらに，その詩的な表現は多くの人々に生態系の一員であることを気づかせ，その責任を果たさなければならないといった「土地倫理」と呼ばれるようになった新しい哲学への共感につながっていきました。

シガード・オルスン（1899-1982）

シガード・オルスンは自然保護のリーダーであり教師，何冊かの著書や話題となった環境に関するエッセイの著者でもあります。『原生自然のうたごえ』『リスニングポイント』『北国からのささやき』といったこれらの本には，自然との関係や〈センス・オブ・ワンダー〉をいつまでも保ち，わかちあうことの重要性に注目することのきっかけとなった出来事が描かれています。また，自然保護論者としても原生自然や国立公園の保護に取り組みました。

シガード・オルスンは1899年にシカゴで生まれました。家族は彼が5歳のときにウィスコンシンに移り住み，少年時代は森や川，ミシガン湖やスペリオル湖畔での探検の日々を過ごしました。彼はウィスコンシン州アシュランドにあるノースランド大学に通い，ウィスコンシン州立大学マディソン校の大学院生として自然科学と農学を専攻しました。原生自然への熱い思いから北ミネソタ州で教鞭をとることになり，カナダへと続く森や湖が点在する素

晴らしい原生自然が広がるバンダリー地域を愛しました。ガイドやナチュラリストとして，人生の大半をその地域への共感と探検することに費やしました。彼がおこなった森林地帯における狼の生態的な調査は，たとえわずかな変化でも生き物の相互依存や自然界のバランスを崩してしまうという認識のきっかけとなりました。彼の生態系に対する哲学的な視点は，すべての生き物への感情的な側面をも含んでいました。また，原生自然への旅は，静寂，時間からの解放，空間の広がり，過去とのつながりといった自然と触れあうことで得た〈センス・オブ・ワンダー〉や実態のないものについて考え，執筆活動へとかき立てることになりました。彼は，特に高度に開発された都市に住む人間にとって，心身ともに健康を保つためには，自然と触れあうことが必要だと信じていました。『われわれには原生自然が必要なんだ』(1946)と『原生自然の保護』(1950)は，原生自然の文化的，精神的，教育的，科学的，経済的な価値を初めて明確に描写したものです。

　シガード・オルスンはバンダリー地域やその他の原生自然地域を開発から守るために，政治的な影響力を使いながら活動しました。彼は多くの環境保護団体で活動し，ウィルダネス協会や国立公園自然保護協会の会長をも務め，1964年のアメリカ原生自然法の制定やバンダリー原生自然保護区域の設置に力を尽くしました。

資料　1

1.

『センス・オブ・ワンダー』（1956）レイチェル・カーソン著，新潮社，1996年

『レイチェル・カーソン』（1972）上・下，ポール・ブルックス著，新潮社文庫，2007年

The Singing Wilderness by Sigerd F. Olson. Alfred A. Knopf, 1956.

『緑の予言者──自然保護の父ジョン・ミューア』（1913）ジョン・ミューア著，文渓堂，1995年

『自然保護の夜明け──デイヴィッド・ソローからレイチェル・カーソンへ』（1980）ポール・ブルックス著，新思索社，2006年

『好奇心の旺盛なナチュラリスト』（1974）N・ティンバーゲン著，思索社，1980年

『すばらしいとき』（1987）ロバート・マックロスキー著，福音館書店，1978年

2.

『読み聞かせ──この素晴らしい世界』（1982）ジム・トレリース著，高文研，1987年

『かいじゅうたちのいるところ』（1963）モーリス・センダック著，冨山房，1975年

『ホビットの冒険』上・下（1978）J・R・R・トールキン著，岩波少年文庫，2000年

Keepers of the Earsh by Michel J. Caduto and Joseph Bruchac. Golden, Co : Fulcrum Inc., 1998.

3.

『狼とくらした少女ジュリー』（1972）ジーン・クレイグヘッド・ジョージ著，ジョン・ショーエンヘール絵，徳間書店，1996年

『オオカミよ，なげくな』（1963）ファーレイ・モウワット著，紀伊国屋書店，1977年

『満月の夜のさんぽ』（1975）フランシス=ハマーストロム文，ロバート=カトーナ絵，偕成社，1978年

『月夜のみみずく』（1972）ジェイン・ヨーレン文，ジョン・ショーエンヘール絵，偕成社，1989年

4.

『改訂増補版　ネイチャーゲーム1』（1979）ジョセフ・B・コーネル著，柏書房，2000

年

Hug A Tree by Robert Rockwell, Elizabeth Sherwood and Robert Willams. Gryphom Hnuse, Inc., 1963.

『プロジェクトラーニングツリー活動事例集――木と学ぼう　幼〜小6』(1979) アメリカ森林協議会編, 国際理解教育・資料情報センター, 1992年

The New Games Book edited by Andrew Fluegelman. Dolphin Books, 1976.

『プレイフェア――競争しないで遊ぶ』(1990) マット・ウェインスタイン, ジョエル・グッドマン著, 遊戯社, 2005年

Cowstails and Cobras by Karl Rohnke. Project Adventure.

5.

『センス・オブ・ワンダー』(1956) レイチェル・カーソン著, 新潮社, 1996年

Tom Brown's Field Guide to Nature and Survival for Children by Tom Brown, Berkley Books, 198h.

A Field Guide to Animal Tracks by Olaus J. Murie. Houghton-Mifflin, 1974.

Let's Grow : 72 Garedening Adventures for Children by Linda Tilgner. Storey Communications, Inc., 1988.

6.

『野生のうたが聞こえる』(1970) アルド・レオポルド著, 講談社学術文庫, 1997年

A Sand County Almanac by Aldo Leopold. Sierra Club/Ballantine Books, 1970.

Aldo Leopold : His Life and Works by Curt Meine. The University of Wisconsin Press, 1968.

『おおきな木』(1964) シェル・シルヴァスタイン作, あすなろ書房, 2010年

7.

The Foxfire Books edited by Elliot Wiggiton, Anchor Book, Doubleday and Co., 1972-87.

『マクリーンの川』(1976) ノーマン・マクリーン著, 集英社文庫, 1999年

『大草原の小さな家』(他「インガルス一家の物語」シリーズ) (1935) ローラ・インガルス・ワイルダー著, 福音館書店, 2002年

8.

Tom Brown's Field Guide to Wild, Edible and Medicinal Plants by Tom Brown,

Berkley Books, 1985.
The Kids Nature Book : 365 Indor/Outdoor Activities and Experiences by Susan Milford. Charlotte, VT : Williamson Publishing, 1989.
『湖のそばで暮らす――大地に教えてもらったこと』（1978）M・ウィルキンス著，筑摩書房，2007年
『大草原の小さな家の料理の本』（1979）バーバラ・M・ウォーカー著，文化出版局，1980年
『サリーのこけももつみ』（1948）ロバート・マックロスキー作，岩波書店，1986年

9.
「火を熾す」（1908）『火を熾す』（柴田元幸翻訳叢書）ジャック・ロンドン著，スイッチ・パブリッシング，2007年
Wilderness Days by Sigurd Olson. Alfred A. Knopf, 1972.
Tom Brown's Field Guide to Wilderness Survial by Tom Brown. Berkley books, 1983.
Joy of Nature : How to Observe and Appreciate the Great Outdoors by Reader's Digest Association. Reades's Digest Pub., 1977.
American Indian Myths and Legends edited by Richaed Erdoes and Alfonso Oritz. Pantheon Books, 1984.

10.
Reflection from the North Country by Sigurd Olson. Alfred A. Knopf, 1982.
『森の生活――ウォールデン』（1854年）ヘンリー・D・ソロー著，宝島社，2005年，岩波文庫，1995年
『ぼくだけの山の家』（1959）ジーン・クレイグヘッド・ジョージ作，偕成社，2009年
『セブン・アローズ1 聖なる輪の教え』（1972）ヘェメヨースツ・ストーム著，地湧社，1992年
"Widerness Vision Quest" by Michael H. Brown, in *For the Conservation of the Earth* by Vance Martin. Golden, CO : Fulcrum, Inc., 1988.

11.
『カントリー・ダイアリー』（1977）イーディス・ホールデン著，サンリオ，1992年
『ジャネット・マーシュの水辺の絵日記』（1979）ジャネット・マーシュ著，TBSブリタニカ，1991年

The Earth : An Aclimatization Journal by Steve Van Matre and Bill Weiler. The Institute for Education, 1983.

『ネイチャー・ゲーム3』(1987) ジョセフ・B・コーネル著,柏書房

Women and Widerness by Anne La Bastille. Sierra Club Books, 1980.

『これからのバックパッキング——シエラ・クラブからローインパクト法の提案』(1977) ジョン・ハート著,山と渓谷社(森林書房),1980年

12.

『読み聞かせ——この素晴らしい世界』(1982) ジム・トレリース著,高文研,1987年

Creative Storytelling : Choosing and Sharing Tales for Children by jack Maguire. McGraw-Hill Book Co., 1985.

Keepers of the Earth by Michael Caduto and Joseph Bruchac. Golden, Co : Fulceum, Inc., 1988.

Teacher's Guide to Keepers of the Earth by Michel Caduto and Joseph Bruchac. Golden, Co : Fulcrum, Inc., 1988.

The Earth Song Book by Douglas Wood. Science Museum of Minnesota, 1985.

13.

Outdoor Adventure Activities for School and Recreation Programs by Paul Darst and George Armstrong. Bugess Publishing Co., 1980.

Outdoor Education : A Manual for Teaching in Nature's Classroom by Mike Link. Prentice-Hall, Inc., 1981.

『ネイチャーゲーム2』(1989) ジョセフ・B・コーネル著,柏書房,1990年

Humanizing Environmental Education : A Guide for Leading Nature and Human Nature Activities by Clifford Knapp and Joel Goodman. American Association, 1981.

Acclimatization : A Sensoy and Conceptual Approach to Ecological Involvement by Steve Van Matre. American Camping Assoc., 1972.

The Leaders Guide to Nature-Oriented Activities by Betty Vander Smissen and Oswald Goering. Ames : Iowa State Univ. Press, 1977.

Hands-Nature : Information and Activities for Exploring the Environment with Chidren edited by Jenepher Lingelbach. Vermont Institute of Natural Science, 1988.

『インタープリテーション入門——自然解説技術ハンドブック』(1992) キャサリーン・

レニエ，マイケル・グロス，ロン・ジマーマン著，小学館，1994年

14.
Listening Point by Sigurd F. Olson. Alfred A. Knoph, 1958.
Open Horizons by Sigurd F. Olson Alfred A. Knopf, 1969.
Earth Festivals by Delopres L. Chapelle and Janet Bourque. Finn Hill Arts, 1973.
『野生のうたが聞こえる』(1970) アルド・レオポルド著，講談社学術文庫，1997年
『レイチェル・カーソン』(1972) 上・下，ポール・ブルックス著，新潮社文庫，2007年
『ティンカー・クリークのほとりで』(1974) アニー・ディラード著，めるくまーる，1992年
『わたしのおいわいのとき』(1986) バード・ベイラー文，ピーター・パーナル絵，偕成社，2002年

15.
『緑の予言者──自然保護の父ジョン・ミューア』(1913) ジョン・ミューア著，文渓堂，1995年
The Wilderness World of John Muir edited by Edwin Way Teale. Houghton-Mifflin, 1954.
The Life of John Muir by Linnie Marsh Wolfe. The University of Wisconsin Press, 1945.
Wilderness and the American Mind by Roderick Nash. Yale University Press, 1967.
『ガイアの時代──地球生命圏の進化』(1988) J・ラヴロック著，小学館，1990年

16.
An Environmental Agenda for the Future edited by Robert Cahn. Island Press, 1985.
『地球白書──ワールドウォッチ研究所』家の光協会/ワールドウォッチジャパン，各年度版
『自然の権利──環境倫理の文明史』(1989) ロデリック・F・ナッシュ著，ミネルヴァ書房，2011年
『デザイン・ウィズ・ネーチャー』(1971) イアン・L・マクハーグ著，集文社，1994年
The Nature Conservancy Magazine. A periodical of The Nature Conservancy.

17.
Green Lifestle Handbook : 1001 Ways You can Heal the Earth edited by Jeremy

Rifkin..

『ボランタリー・シンプリシティ（自発的簡素）――人と社会の再生を促すエコロジカルな生き方』(1981) デュエイン・エルジン著，TBSブリタニカ，1987年

『地球を救うかんたんな50の方法』(1990) アース・ワークスグループ著，講談社，1990年

99 Ways to a Simple Lifestyle by Albert J. Fritschm. Anchor Books, 1976.

『スモールイズビューティフル』(1973) E・F・シューマッハー著，講談社，1986年

『小さな惑星の緑の食卓――現代人のライフ・スタイルをかえる新食物読本』(1974) フランシス・ムア・ラッペ著，講談社，1982年

『ウェルネスワークブック』(1988) ジョン・W・トラビス，レジーナ・S・ライアン著，日本ウェルネス協会，1988年

『65億人の地球（ガイア）環境――図鑑 過去・現在・未来の人間と地球の環境が見える世界地図』(2005) N・マイヤーズ，J・ケント編，産調出版，2006年

The Sprit of the Earth : A Theology of the Land by John Hart. Ramsey, NJ : Paulist Press, 1984.

日本語版資料

『センス・オブ・ワンダー』レイチェル・カーソン著，新潮社，1996年

『潮風の下で』レイチェル・カーソン著，岩波現代文庫，2012年

『海辺――生命のふるさと』レイチェル・カーソン著，平凡社ライブラリー，2000年

『沈黙の春』レイチェル・カーソン著，新潮文庫，2004年

『われらをめぐる海』レイチェル・カースン著，ハヤカワ文庫，1977年

『レイチェル・カーソン――その生涯』上遠恵子著，かもがわ出版，1999年

『運命の海に出会って レイチェル・カーソン』マーティ・ジェザー著，ほるぷ出版，1996年

『はじめてのシエラの夏』ジョン・ミューア著，宝島社，1993年

『山の博物誌――ザ・マウンテンズ・オブ・カリフォルニア』ジョン・ミューア著，立風書房，1994年

『1000マイルウォーク緑へアメリカを南下する』ジョン・ミューア著，立風書房，1994年

『大自然を守った巨人ジョン・ミュア』ジンジャー・ワズワース著，ほるぷ出版，1994年

『野生のうたが聞こえる』アルド・レオポルド著，講談社学術文庫，1997年

『荒野，わが故郷』エドワード・アビー著，宝島社，1995年

『森の生活――ウォールデン』H・D・ソロー著，宝島社，2005年，岩波文庫，1995年

資料　2

（自然体験プログラム関係）

牛久自然観察の森
　　　300-1212　　茨木県牛久市結束町489-1　　　　　　　　　　0298-74-6600

エル・ビー・カヤックステーション
　　　907-1541　　沖縄県八重山郡竹富島字上原870-116　　　　　09808-5-6660

OV 森の自然学校
　　　506-0101　　岐阜県高山市清見町牧ヶ洞1025-2　　　　　　0577-68-2560

（公社）大阪自然環境保全協会
　　　530-0015　　大阪市北区天神橋1-9-13　ハイム天神橋202　　06-6242-8720

環境省自然環境局総務課自然ふれあい推進室
　　　100-0013　　東京都千代田区霞ヶ関1-2-2　　　　　　　　　03-5521-8271

（公財）キープ協会フォレスターズスクール
　　　407-0311　　山梨県北巨摩郡高根町清里3545　　　　　　　0551-48-3795

くりこま高原自然学校
　　　989-5371　　宮城県栗原郡栗駒町沼倉耕英中57-1　　　　　0228-46-2626

（一財）公園財団（国営公園のご案内）
　　　112-0014　　東京都文京区関口1-47-12　江戸川橋ビル203　03-6674-1188

（NPO）国際自然大学校
　　　201-0004　　東京都狛江市岩戸北4-17-11　　　　　　　　　03-3489-6582

（財）埼玉県生態系保護協会
　　　330-0802　　埼玉県さいたま市宮町1-103-1　YKビル5F　　048-645-0570

（NPO）自然文化誌研究会
　　　409-0211　　山梨県北都留郡小菅村4115　　　　　　　　　090-3334-5328

（株）自然教育研究センター
　　　190-0022　　東京都立川市錦町2-1-22　　　　　　　　　　0425-28-6595

自然体験活動協議会（CONE）
　　　151-0052　　東京都渋谷区代々木神園町3-1　　　　　　　　03-6407-8240
　　　　　　　　　国立オリンピック記念青少年総合センター内

(認定NPO)「持続可能な開発のための教育の10年」推進会議（ESD-J）
  150-0001 東京都渋谷区神宮町5-53-67   03-3797-7227
        コスモス青山Ｂ２Ｆ

森林たくみ塾
  506-0101 岐阜県高山市清里町牧ヶ洞4434-1 0577-68-2300

(一社)全国森林レクリエーション協会
  112-0004 東京都文京区後楽1-7-12　林友ビル６Ｆ 03-5840-7471

地球学校実行委員会
  610-0343 京都府京田辺市大住虚空谷55 0774-63-0951

千葉県立中央博物館
  260-0852 千葉県千葉市中央区青葉町955-2 043-265-3111

(NPO)当別エコロジカルコミュニティー
  061-0206 北海道石狩郡当別町川下754-11 0133-22-4305

トムソーヤクラブ
  105-8060 東京都港区新橋2-20-15　(株)日本旅行内 03-3573-2148

(財)日本アウトワード・バウンド協会　長野校
  399-9601 長野県北安曇郡小谷村大字北小谷10650 025-557-2211

(一社)日本オートキャンプ協会
  160-0008 東京都新宿区三栄町12　清重ビル２Ｆ 03-3357-2851

(財)日本自然保護協会
  104-0033 東京都中央区新川1-16-10　ミトヨビル２Ｆ 03-3353-4101

日本野外生活推進協会（森のムッレ協会）
  669-4317 兵庫県丹波市市島町上牧691 0795-85-2639

(公財)日本野鳥の会
  141-0031 東京都品川区西五反田3-9-23　丸和ビル 03-5436-2620（代）

(公財)日本野鳥の会／ウトナイ湖サンクチュアリ
  059-1365 北海道苫小牧市字植苗150-3 0144-58-2505

(公財)日本野鳥の会／鶴居・伊藤タンチョウサンクチュアリ
  085-1205 北海道阿寒郡鶴居村字中雪裡南 0154-64-2620

(財)日本ユースホステル協会
  101-0061 東京都千代田区三崎町3-1-16 03-3288-1417
        神田アメレックスビル９Ｆ

(公財)日本レクリエーション協会
 101-0061 東京都千代田区三崎町2-20-7 03-3265-1241
     水道橋西口会館6階

(社)日本ネイチャーゲーム協会
 160-0004 東京都新宿区四谷4-13-17 ワークスナカノ2F 03-5363-6010

(NPO)ねおす
 064-0952 札幌市中央区宮の森2条14丁目1-4 011-615-3923

フィールドソサエティー 法然院森のセンター
 606-8421 京都市左京区鹿ヶ谷法然院町72-2 075-752-4582

兵庫県立人と自然の博物館
 669-1546 兵庫県三田市弥生が丘6丁目 079-559-2001

(財)プレイスクール協会 雑創の森プレイスクール
 592-8349 大阪府堺市西区浜寺諏訪森東3-289-4 072-266-3010

(株)プロジェクトアドヴェンチャージャパン
 150-0002 東京都渋谷区渋谷2-6-12 ベルデ青山6F 03-3406-8804

ホールアース自然学校
 419-0305 静岡県富士郡芝川町下柚野165 0544-66-0152

美山町立自然文化村
 601-0713 京都府南丹市美山町下向56 0771-77-0014

木風舎
 166-0004 東京都杉並区阿佐谷南3-45-4 03-3398-2666

(有)屋久島野外活動総合センター
 891-4205 鹿児島県熊毛郡上屋久町宮之浦368-21 09974-2-0944

(ライフスタイルを考えるために)

A SEED Japan
 160-0022 東京都新宿区新宿5-4-23 03-5366-7484

エコソリューソンズネットワーク(株)
 462-0844 名古屋市北区清水5-10-8 グリーンフェロー4B 052-916-2241

世界自然保護基金日本委員会(WWF Japan)
 105-0014 東京都港区芝3-1-14 日本生命赤羽橋ビル6F 03-3769-1711(代)

地球環境パートナーシッププラザ
 150-0001 東京都渋谷区神宮前5-53-70 国連大学1F 03-3407-8107

(財)日本環境財団
　　107-0061　東京都港区北青山3-5-30　入来ビル6F　　　　03-5413-4730
(財)日本環境協会
　　103-0002　東京都中央区日本橋馬喰町1-4-16　　　　　　03-5643-6262
　　　　　　　馬喰町第一ビル9F
(公社)日本環境フォーラム
　　160-0022　東京都新宿区新宿5-10-15　ツインズ新宿4F　03-3350-6770
(社)日本ナショナル・トラスト協会
　　171-0021　東京都豊島区西池袋2-30-20　音羽ビル　　　03-5979-8031

監訳者あとがき：偶然の出会いから6年

　1993年10月，ワシントンD. C. にあるオーデュボン協会のショップのウィンドウでこの本を見たのがそもそもの始まりでした。閉店準備に慌ただしい定員さんに「ウィンドウの本しか残っていないのですよ」と言われながらも，無理に譲っていただいたのがこの本でした。ぜひ日本語で読んでみたいと，帰国してから翻訳をお願いすることになった南里さんに話をしてみると「実は，僕もこの本を日本で出版できないかと思い，アメリカの出版社から翻訳の承諾をいただき，可能性を探っていたところなのですよ」という返事。もうこれは日本で出版するしかないと思い立ち，奔走し始めたとき，幸運にも国際交流基金日米センターからの助成で，日米のユースホステルの交流事業をさせていただくことが決まりました。その一環として，97年3月には4人の著者のなかでリーダーのジョセフ・パッシノ氏を日本にお招きし，さらに出版についても援助をいただくことができました。国際交流基金日米センターからの寛大な支持がなければ出版は実現しなかったと思っております。心よりお礼申しあげます。

　パッシノ氏ことジョーさんが日本滞在中，本書の英文タイトルにもなっている「Teaching Kids to Love the Earth」ワークショップを実施することができ，さまざまな活動を参加者と一緒に楽しみながら，本書のハートに触れることができたように思います。また，活動の背景となっている考え方や理論的な裏づけをもお聞きすることができました。

　その一年後，偶然にもジョーさんが一年間の休職をとられ，ご家族と一緒に3カ月間京都に滞在されることになり，より詳しく本書についてお聞きする機会にも恵まれました。その折，翻訳でどうしてもわからない箇所をお聞きするだけではなく，日本語版への謝辞と巻末の「アメリカの4人のエコロジスト」を書きおろしていただくことができました。また，より読みやすくするために，日本語版として独自に各章の構成を変更しました。オリジナルでは「おはなし」「活動マニュアル」「知っていましたか？」「アクティビティー」となっているところを，「おはなし」「活動マニュアル」「アクティビティー」「知っていましたか？」という順にしたのです。もう一つ大きな変更をしたところがあります。それは，目次にその章の「概要」を載せたことです。これらの変更は，ジョーさんがまもなく

出版を計画しているオリジナルの改訂版の構成通りということで，日本語版では一足早く実現できたことになります。さらに，少なからぬ箇所で，どうしても日本の実情と合わないところがあり，これはすべて彼との話合いのうえで書き換えることにしました。

日本語版だけの新しい試み，ジョーさんとの気の遠くなるような苦手な英語での話合い。それは，ジョーさんが日本におられるときだけではありませんでした。本書の舞台となったウィスコンシンへも，何度も足を運ぶことになりました。ジョーさんと一緒に大学のカフェテリアで深夜まで話しこんでしまい，車のフロントガラスの氷を1時間もかけてこすった厳冬の冬。家にたどり着いてからの，満月の明かりに照らされ，キラキラ輝く雪の上えを何も話をせずに歩いた牧場の道。真夏の，地平線まで続く天の川を見ながらご家族と一緒に楽しんだキャンプファイヤー。本書にも出てくるような場面を楽しむことができたこれらの贅沢な時は，決して忘れることができません。これらの体験により，本書の舞台となっているウィスコンシンの自然を身体中で感じることにもなり，日本語に翻訳していくうえで「あ，こうなのだな」と，その場面を思い浮かべることができるようになりました。このことが，訳文に反映されていることを願っています。

本書に出会ってから，現在に至るまでの6年ものあいだに，環境教育や野外での自然体験活動に関する状況もずいぶんと変わりました。96年夏に出された「中央教育審議会」の「新しい時代を拓く心を育てるために」と題された答申にも出てくるように，「生きる力」の核となる豊かな人間性を養うためには「美しいものや自然に感動する心などの柔らかな感性」を育む必要性が明記されるようになりました。特に，家庭での役割がクローズアップされています。これは親が子どもと一緒になって，自然の中で〈センス・オブ・ワンダー〉体験の機会を持ちましょうということです。何も難しいことではないはずです。でも，多くの人たちが忘れてしまっていることなのかもわかりません。決してそれは，方法を学んで自然体験活動を実施するというものではないはずです。皆さんの子どもの頃，自然のなかで遊びながら味わった感動体験の場面を思い起し，そのときに感じた自然に対する驚きや不思議，畏敬の念を子どもたちと一緒に体験できるような場面を作ればよい話です。そこで大切なのは，子どもと一緒に体験したことを「わかちあう」時間を持つことです。子どもたちの心に寄り添いながら，自然のなかで，あなた自身も子どものような気持ちで遊んでほしいのです。そのきっかけに本書がなればと，翻訳を思いついたわけです。具体的な方法や考えは本文に詳しく書かれています。

本書の翻訳には予想以上の時間がかかってしまいました。南里さんには初めに全文を翻訳していただき，そのうえで，私が語り口調に仕上げていく方針で進めました。とはいっても，これが非常に難しい作業で，実に多くの方々にお手伝いしていただきました。片桐ユズルさんには，お忙しいところを研究室まで押しかけ，「おはなし」の部分に目を通していただき，その雰囲気が伝わるようにしていただきました。京都大学に留学しているスティーブさんには，「おはなし」以外の部分で日本人にはわからない表現を直してもらいました。もちろんその他に，岡部世良さん足立理子さんには翻訳のチェックを，国重敦子さんには6章を，山内徳子さんには2章をお手伝いいただき，島崎眞紀子さんには本書に出てくる書籍の日本での出版や内容をインターネットを駆使してチェックしていただきました。もちろん，「いつできるの？」と見放さずに問い続けていただいた実に多くの方々からの励ましがなければ，途中でめげていたかもしれません。やっと皆さんに「できたよ！」と言うことができるようになりました。ありがとうございました。

　最後に，本書の出版を快く引き受けていただき，出版に向けての最初の難しい段取りを，てきぱきと進めていただいた人文書院の北山裕美子さんには心からお礼を申しあげます。でも私のゆっくりしたペースの結果，最後まで面倒を見ていただけなかったことを残念に思っています。もちろん，人文書院の皆さんの暖かな心がなければここまで来ることができませんでした。ありがとうございました。

1999年3月

山本幹彦

改訂版にあたって

　リオでの地球サミットで各国政府団に正式資料としてこの原書が配付されてから20年，リオ＋20の年に日本語版の付録資料を見直し改訂版を出すことができました。本文に変更はありませんが，この間，原書の出版社と，4人の著者のうち2人のラストネームが変わりました。自然の中で自分を見つめることで2人の人生が変わったようです。私の人生も大きく変わりました。2000年に北海道に移住し，今は環境教育のNPO法人を立ち上げて代表として自然の中で仕事をしています。Teaching Kids to Love the Earth，私たち大人もいつまでも子どもの気持ちを持ち，母なる地球を忘れずに暮らしていきたいものです。

2012年6月

TEACHING KIDS TO LOVE THE EARTH
by Marina Lachecki, Joseph Passineau, Ann Linnea and Paul Treuer, Illustrations by Carolyn Olson

Copyright © 1991 by Marina Lachecki, Joseph F. Passineau, Ann Linnea, and Paul Treuer

Japanese translation published by arrangement with Regents of the University of Minnesota Press through The English Agency (Japan) Ltd.

本書は国際交流基金日米センターの出版助成を受けています。

監訳者紹介

山本幹彦（やまもと・みきひこ）

1956年京都生れ。(財)京都ユースホステル協会で環境教育事業部を立ち上げた後、2000年に北海道へ移住。2002年にNPO法人 当別エコロジカルコミュニティーを設立。代表理事。道民の森での森林環境教育を中心に、幼児の森のようちえん、小学生の宿泊体験、大学での講師、現職教師や指導者育成ワークショップ、まちづくりを通してエコロジカルコミュニティー作りをめざしている。石狩郡当別町在住。訳書に『もっと！子どもが地球を愛するために』『ネイチャーセンター』（ともに監訳、人文書院）など。

訳者紹介

南里　憲（なんり・けん）

1950年名古屋生まれ。アメリカ・北イリノイ大学大学院修了。通訳や翻訳などに携わる。

子どもが地球を愛するために
〈センス・オブ・ワンダー〉ワークブック

1999年4月25日　初　版第1刷発行
2012年7月20日　改訂版第1刷発行

著　者　マリナ・ラチェッキ
　　　　ジョセフ・パッシノ
　　　　アン・リネア
　　　　ポール・トゥルーアー

監訳者　山本幹彦

訳　者　南里　憲

編集協力　(財)京都ユースホステル協会

制作協力　LAN DESIGN

発行者　渡辺睦久

発行所　人文書院
〒612-8447 京都市伏見区竹田西内畑町9
電話 075-603-1344　振替 01000-8-1103
http://www.jimbunshoin.co.jp/

印刷所　創栄図書印刷株式会社
製本所　坂井製本所

落丁・乱丁本は小社送料負担にてお取替えいたします

© Jimbun Shoin, 1999, 2012 Printed in Japan
ISBN 978-4-409-23052-7 C0037

Ⓡ〈日本複写権センター委託出版物〉
本書の全部または一部を無断で複写複製（コピー）することは、著作権法上での例外を除き禁じられています。本書からの複写を希望される場合は、日本複写権センター（03-3401-2382）にご連絡ください。

―― 好評既刊 ――

地球交響曲
ガイアシンフォニー
THE LONG AND WINDING ROAD

龍村仁[編]

の軌跡

人が"変える"のではなく
人が"変わる"時代への予感
今、現実が動きはじめる

人文書院

龍村仁編
地球交響曲(ガイアシンフォニー)の軌跡

自然を愛すること
その共感の力が人を動かした！
驚異的な成功をおさめた自主上映の全記録

本体価格2000円